Richard Wagner

La vie d'un musicien
Essai biographique

Table des matières

Préface

Richard Wagner. Evoquez ce nom et on vous dira spontanément qui il était un des plus grands compositeurs d'opéra dont le nom reste à jamais gravé dans l'histoire de la musique classique. C'était un compositeur dont les conceptions artistiques avant-gardistes ont eu une influence déterminante dans l'évolution de la musique. Il bouleversa la musique et son écriture à travers ses opéras, et fit de nombreux disciples à la fin du 19ème siècle.

À travers ses œuvres et ses essais théoriques, Wagner exerça une grande influence dans l'univers de la musique lyrique. Créant une harmonie entre le théâtre et la musique, il développa le « drame musical », et se fit le défenseur d'une conception nouvelle de l'opéra dans laquelle l'orchestre occupe une place aussi importante que celle des chanteurs.

Inutile de rappeler que son nom est plus cité dans le milieu musical que littéraire. Pourtant, à côté de ses opéras, qui constituent l'essentiel de son œuvre musicale, Wagner a écrit un certain nombre d'œuvres littéraires. C'était un écrivain prolifique, avec à son actif des centaines de livres, poèmes et articles, en plus de ses nombreuses correspondances. Ses écrits couvrent un large éventail de sujets, comme la politique, la philosophie, ou encore l'analyse de ses propres opéras (ce qui intéresserait évidemment les artistes et les musiciens).

Richard Wagner était un compositeur de musique qui aurait voulu, dans sa jeunesse, être Shakespeare avant d'être Beethoven.

Ce livre regroupe ses œuvres littéraires (des nouvelles) évoquant la musique et la vie d'un musicien.

Une Visite à Beethoven

Épisode de la vie d'un musicien allemand

« Pauvreté, dure indigence, compagne habituelle de l'artiste allemand, c'est à toi qu'en écrivant ici ces pieux souvenirs, je dois adresser mon invocation première. Je veux te célébrer, toi, ma patronne fidèle, qui m'as suivi constamment en tous lieux ; toi qui, de ton bras d'airain, m'as préservé des vicissitudes d'une fortune décevante, et qui m'as si bien abrité contre les rayons enivrants de son soleil, grâce au nuage épais et sombre dont tu as toujours voilé à mes regards les folles vanités de ce monde. Oui, je te remercie de ta sollicitude maternelle ; mais ne pourrais-tu pas désormais la pratiquer en faveur d'un nouveau protégé ? car la curiosité m'aiguillonne, et je voudrais, ne fût-ce que pour un jour, essayer de l'existence sans ta participation. Pardonne, austère déesse, à cette velléité d'ambition ! Mais tu connais le fond de mon cœur, et tu sais quelle dévotion sincère j'aurai toujours pour ton culte, alors même que je cesserais d'être l'objet favori de ta prédilection. Amen ! »

L'adoption de cette prière quotidienne doit vous dire assez que je suis musicien, et que l'Allemagne est ma patrie. Une ville de moyenne importance me donna le jour. Je ne sais quelles étaient les vues de mes parents sur ma condition à venir ; mais ce que je me rappelle, c'est qu'un soir, ayant entendu une symphonie de Beethoven, j'eus dans la nuit un accès de fièvre, je tombai malade, et qu'après mon rétablissement je devins musicien. Cette circonstance peut expliquer la préférence que je donnai constamment dans la suite aux œuvres de Beethoven, quelque belle musique que j'aie maintes fois entendue. C'était pour moi une affection, une idolâtrie à part. Ma plus vive jouissance fut de me plonger dans l'étude intime, approfondie de ce puissant génie, jusqu'à ce que je crus m'être identifié pour ainsi dire avec lui, jusqu'à ce que mon esprit nourri d'inspirations de plus en plus sublimes me parût être devenu une parcelle de ce rare et merveilleux esprit, jusqu'à ce qu'enfin j'arrivai à cet état d'exaltation que bien des gens traitent de démence. Folie bien tolérable pourtant, et bien inoffensive. Cela ne me procurait qu'un pain fort sec et une boisson fort crue ; car on ne s'enrichit pas en Allemagne à courir le cachet. Après avoir vécu de la sorte assez longtemps dans ma mansarde, je vins un jour à penser que le grand artiste, objet de ma profonde vénération, vivait encore, et j'eus peine à m'expliquer comment cette idée ne m'était pas venue plus tôt. Le fait est que jamais jusque-là je ne m'étais représenté Beethoven sous une forme humaine pareille à la nôtre, et soumis aux besoins et aux appétits de la nature. Et cependant il existait, il vivait à Vienne, et dans une condition à peu près semblable à la mienne. Dès lors je n'eus plus un instant de repos ; toutes mes pensées, tous mes désirs étaient dirigés vers un seul but : voir Beethoven. Nul musulman n'entreprit jamais le pèlerinage au tombeau du Prophète avec plus de foi ni d'ardeur que m'en inspirait mon projet. Mais comment m'y prendre pour le mettre à exécution ? C'était pour moi une grande affaire que d'aller à Vienne, car il fallait de l'argent pour le voyage, et, pauvre diable que j'étais, ie gagnais à peine de quoi subvenir aux plus pressantes nécessités. Il fallait donc avoir recours à des moyens exceptionnels pour me procurer les fonds nécessaires, et ce fut dans ce but que j'allai proposer à un éditeur plusieurs sonates pour le piano que j'avais composées sur le modèle de celles de Beethoven. Le marchand me démontra en peu de mots que je n'étais qu'un fou avec mes sonates, et il me donna le conseil, si je voulais avec le temps gagner quelques écus avec ma musique, de me faire d'abord une petite réputation avec des galops et des pots-pourris. Je frémis d'indignation ; mais le désir passionné qui m'obsédait fit taire tous mes scrupules, et je me mis à composer des galops et des pots-pourris. Seulement je m'abstins dans l'intervalle de jeter un seul regard sur les partitions de Beethoven, car j'aurais cru commettre une profanation honteuse. Mais hélas ! je ne gagnai rien à avoir sacrifié ainsi mon innocence : l'honnête éditeur me déclara qu'il était indispensable de jeter préalablement les fondements de ma renommée par une ou deux publications gratuites. Je restai pour la seconde fois interdit, et je me retirai, le désespoir dans l'âme. Mais l'excès même du dépit et de la rage me devint propice, car je composai dans cet état plusieurs galops formidables qui me valurent enfin quelques honoraires, et je crus enfin en avoir assez recueilli pour me mettre en route. Deux ans s'étaient écoulés pourtant, et je tremblais sans cesse que Beethoven ne vînt à mourir avant que j'eusse fondé mon crédit sur le mérite de mes galops et de mes pots-pourris. Mais, Dieu soit loué, il avait attendu cette heure mémorable. Ô saint Beethoven ! pardonne-moi cette renommée indigne que je n'ai briguée que pour conquérir le bonheur et la gloire de te connaître.

Quelle fut ma joie en me voyant libre enfin d'accomplir mon projet ! quel fut mon bonheur en faisant mes préparatifs de départ ! Ce fut avec une sainte émotion que je franchis la porte de la ville pour me diriger vers le Sud. J'aurais volontiers pris place dans une diligence, non que je redoutasse la fatigue d'un voyage à pied (quelle épreuve m'eût paru trop pénible pour voir mon souhait exaucé !), mais c'est que je serais ainsi arrivé plus vite à Vienne. Malheureusement, mon renom en qualité de compositeur de galops n'était pas encore devenu assez célèbre pour me permettre une telle commodité. Cette réflexion m'inspira une résignation à toute épreuve, et je me félicitai d'avoir déjà surmonté tant d'obstacles. De quels rêves enchanteurs ne se berçait pas mon imagination ! Un amoureux revenant après une longue absence auprès de sa bien-aimée ne sent pas plus délicieusement battre son cœur. Je traversai ainsi les belles campagnes de la Bohème, ce pays privilégié des joueurs de harpe et des chanteurs nomades. Dans un petit bourg, je fis la rencontre d'une de ces nombreuses troupes de musiciens ambulants, orchestre mobile composé d'un violon, d'une basse, d'une clarinette, d'une flûte et de deux cors, sans compter une harpiste et deux chanteuses pourvues d'assez jolies voix. Pour quelques pièces de monnaie, ils exécutaient des airs de danse ou chantaient quelques ballades, et puis ils allaient plus loin recommencer le même manège. Un jour, je les trouvai de nouveau sur mon chemin, campés à l'abri d'un quinconce qui bordait la grande route, et occupés à prendre un frugal repas. Je me présentai à l'escouade comme exerçant le même métier qu'eux, et nous. fûmes bientôt amis ensemble. Je m'informai timidement si leur répertoire de contredanses contenait quelques-uns des galops dont j'étais l'auteur ; mais, Dieu merci ! ils n'en avaient point entendu parler, et leur ignorance me combla de joie. — Mais vous jouez aussi, leur dis-je, d'autre musique que des contredanses ? — Sans doute, me répondirent-ils, mais seulement entre nous, et non pas devant le monde. En même temps ils déballèrent leur musique, et mon premier coup d'œil tomba sur le grand septuor de Beethoven. Je leur demandai avec surprise si c'était là un de leurs morceaux favoris. — Pourquoi donc pas ? répliqua le plus âgé de la troupe ; si Joseph n'avait pas mal à la main, et qu'il pût remplir la partie du premier violon, nous nous donnerions ici même ce plaisir. Dans un transport d'ivresse, je m'emparai vivement du violon de Joseph, en promettant de faire de mon mieux pour le remplacer, et nous entreprîmes aussitôt le septuor.

Quel ravissement d'entendre là, à ciel ouvert, au bord d'une grande route de la Bohême, ce magnifique ouvrage exécuté par une bande de musiciens ambulants avec une pureté, une précision et une profondeur de sentiment telles qu'on les trouve rarement chez les virtuoses les plus huppés. Grand Beethoven ! ce fut vraiment un sacrifice digne de ton génie auquel je participai. Nous étions arrivés au finale quand une chaise de poste élégante, que nous n'avions pu apercevoir à cause du coude de la chaussée, s'arrêta silencieusement en face de nous. Un jeune homme d'une taille excessivement élancée, et d'un blond non moins exagéré, était étendu sur les coussins, et prêtait à nos accords une oreille attentive ; puis il tira de sa poche un agenda pour y consigner quelques notes, et après avoir jeté devant nous une pièce d'or, il continua sa route en adressant à son domestique quelques mots d'anglais.

Cet événement nous interloqua un peu; heureusement que le septuor était fini. J'embrassai mes nouveaux amis, et je me disposai à faire route avec eux ; mais ils me dirent qu'ils allaient prendre les chemins de traverse pour se rendre à leur village natal. Je les aurais certainement suivis, si mon voyage n'avait pas eu un but aussi solennel. Enfin, nous nous séparâmes avec une émotion réciproque. Plus tard je me rappelai que personne n'avait ramassé la pièce d'or du voyageur anglais.

Dans la première auberge où j'entrai pour manger un morceau, je trouvai mon gentleman attablé devant un copieux dîner. Il m'examina longtemps avec curiosité, et m'adressant enfin la parole en mauvais allemand, il me demanda ce qu'étaient devenus mes camarades. — Ils sont retournés chez eux, lui dis-je. — Eh bien ! prenez votre violon, me dit-il, et jouez-moi quelque chose ; voici de

l'argent. Blessé de cette injonction, je lui répondis que je n'étais pas un artiste mercenaire, et que d'ailleurs je n'avais pas de violon; et enfin je lui fis le récit de ma rencontre avec ces musiciens. — Des musiciens excellents ! repartit l'Anglais, et dignes de la belle symphonie de Beethoven. Frappé à mon endroit sensible, je demandai à l'Anglais s'il faisait aussi de la musique. — *Yes* ! me dit-il, je joue de la flûte deux fois par semaine, le jeudi je donne du cor de chasse, et le dimanche je compose. » Voilà, me dis-je, un temps bien employé ! Jamais je n'avais entendu parler d'artiste anglais en tournée, et je jugeai que celui-ci devait faire de bien bonnes affaires pour courir le pays en si brillant équipage. — Vous êtes donc musicien de profession ? lui dis-je. Il me fit longtemps attendre sa réponse ; enfin il me dit, en appuyant lentement sur ses paroles, qu'il avait beaucoup d'argent. Je compris soudain ma méprise, et je vis bien que ma question l'avait choqué. Je dissimulai mon embarras en gardant le silence, et je terminai à l'écart mon modeste repas. L'Anglais, qui m'avait considéré de nouveau avec attention, se rapprocha de moi et me dit : — Connaissez-vous Beethoven ? — Je ne suis pas encore allé à Vienne, répondis-je, mais je m'y rends actuellement, et c'est précisément pour satisfaire mon ardent désir de voir cet illustre maître. — D'où venez-vous ? ajouta-t-il. — De la ville de L... — Oh ! ce n'est pas loin ; moi, je viens d'Angleterre, et c'est aussi dans l'unique but de connaître la personne de Beethoven. Eh bien ! nous le visiterons ensemble. C'est un bien grand compositeur !
Quelle bizarre rencontre ! dis-je en moi-même. Ô mon illustre maître ! quels pèlerins de nature diverse attirent ta célébrité ! Riche et pauvre cheminent à la fois sur la même route pour venir contempler tes traits ! — Cet Anglais m'intéressait, mais je ne lui enviais pas son équipage ; il

me semblait que j'accomplissais avec mes humbles ressources une action plus digne que la sienne, et que j'en recueillerais une joie plus parfaite et plus pure que celui qu'escortait tant de luxe et d'aisance. Le cornet du postillon retentit, et l'Anglais remonta en voiture en me criant, pour adieu, qu'il verrait Beethoven avant moi.

Après avoir marché quelques heures, je rejoignis le gentleman sur la grande route. Une roue de sa voiture s'était brisée, mais il n'en restait pas moins tranquillement assis à sa place, aussi bien que le domestique sur son siège extérieur. J'appris qu'ils attendaient ainsi le postillon qui était allé quérir un charron à un village assez éloigné. Il était parti depuis longtemps, me dit le maître; et comme son domestique ne savait parler qu'anglais, je me décidai à aller moi-même presser son retour. Je le trouvai en effet dans un bouchon occupé à boire, et ne s'embarrassant guère de son gentleman. Je le ramenai cependant avec le charron, et, le dommage réparé, l'Anglais repartit en me promettant de m'annoncer chez Beethoven.

Quel fut mon étonnement de rejoindre encore une fois, le jour suivant, le noble voyageur arrêté de nouveau sur la route. Mais cette fois il ne s'agissait plus d'une roue brisée ; il stationnait paisiblement au bout de la chaussée, et parut fort aise de me voir paraître, traînant un peu la jambe. — Oh ! me dit-il, il y a quatre heures que j'attends là exprès pour vous, car je me suis repenti de ne pas vous avoir proposé hier de m'accompagner : il vaut mieux se faire traîner que d'aller à pied ; montez à côté de moi. Surpris de ce procédé, je balançai quelque temps à répondre ; mais je me souvins du vœu que j'avais prononcé à l'auberge d'accomplir en dépit de tous les obstacles mon saint pèlerinage à pied : j'en fis donc à l'Anglais la déclaration formelle, et ce fut son tour de s'étonner. Il me répéta son offre, en ajoutant expressément qu'il avait attendu plusieurs heures ; mais je restai inébranlable, et il partit seul, ne comprenant rien à mon refus. Dans le fond, je me sentais pour cet homme une secrète répugnance, et je ne sais quel pressentiment m'avertissait de me défier de sa funeste influence. Et puis son enthousiasme pour Beethoven et cette curiosité de le connaître me paraissait plutôt être le caprice d'un riche désœuvré que le vif et pur sentiment d'une admiration réfléchie. Je préférai donc de ne pas profaner par une liaison inconsidérée la piété sincère qui me faisait agir.

Mais, hélas ! comme pour préluder aux tristes désappointements que me réservait ma mauvaise étoile, et dont cet Anglais devait être l'instrument, nous nous trouvâmes encore le soir même face à face à la porte d'une autre hôtellerie, où il semblait s'être arrêté à dessein pour m'attendre ; car je le trouvai assis dans sa voiture, tourné du côté de la route par où je devais arriver. — C'est vous que j'attendais depuis longtemps, me dit-il comme la première fois ; voulez-vous que nous allions ensemble voir Beethoven ? Cette fois ma surprise céda en moi à un sentiment de répulsion instinctif. Cette opiniâtreté à m'obliger malgré moi me paraissait inexplicable, à moins que l'Anglais ne prît à tâche de vaincre ma résistance, parce qu'elle choquait sa susceptibilité, et pour humilier mon amour-propre. Je repoussai donc sa proposition en laissant percer toute l'humeur qu'elle m'inspirait. Alors il s'écria : — Goddam ! vous estimez donc bien peu Beethoven ! Moi je le verrai bientôt. Et il donna le signal du départ.

Ce fut définitivement la dernière fois que je revis ce singulier voyageur avant d'arriver à Vienne. Enfin j'atteignis la barrière de cette capitale ; j'étais au terme de mon pèlerinage. Je vous laisse à juger quelles furent mes émotions en pénétrant dans la Mecque de mes désirs.

J'oubliai soudain tous les soucis, toutes les fatigues de la route ; je foulais le même sol où reposait la demeure de Beethoven !... J'étais trop agité pour songer à la réalisation immédiate de mes vœux les plus chers; je m'informai seulement du quartier qu'habitait le grand compositeur, afin de me loger autant que possible dans son voisinage. Presqu'en face de sa demeure, je trouvai un hôtel de modeste apparence, où je louai une petite chambre au cinquième étage, et là je me préparai à l'événement le plus solennel de ma vie. Je consacrai deux jours au repos, et après avoir jeûné et prié, indifférent à tout le reste, je m'encourageai de mon mieux, et je me dirigeai tout droit vers la maison consacrée par le génie. Mais on me dit que M. Beethoven n'était pas chez lui. Je ne sais pourquoi j'en fus bien aise, je me retirai, et me livrai à un nouveau recueillement. Le lendemain, après avoir essuyé quatre fois la même réponse, toujours plus rudement accentuée, je me persuadai que j'avais choisi un jour malencontreux, et je n'insistai pas davantage.

Comme je rentrais à mon hôtel, quelqu'un qui se trouvait à la croisée du premier étage m'adressa un salut amical : c'était mon voyageur anglais. — Avez-vous vu Beethoven ? me dit-il. — Pas encore, il n'y était pas, lui répondis-je, fort surpris de cette rencontre inattendue. Alors il vint au-devant de moi sur l'escalier, et m'obligea avec une extrême affabilité à entrer chez lui. — Monsieur, me dit-il, je vous ai vu vous présenter cinq fois au logis de Beethoven. Il y a déjà plusieurs jours que je suis ici, et c'est pour être voisin de sa demeure que je me suis logé dans ce vilain hôtel. Je vous assure qu'il est très difficile de l'aborder. Ce gentleman est très lunatique. En arrivant, je me suis présenté chez lui jusqu'à six fois par jour, et j'ai été constamment éconduit. À présent, j'ai pris le parti de me lever de très bonne heure et de me poster à cette fenêtre, où je reste jusqu'au soir pour épier la sortie du maestro. Mais je commence à croire qu'il ne sort jamais de chez lui. — Ainsi, m'écriai-je, vous croyez donc que Beethoven était aujourd'hui chez lui, et qu'il m'a refusé sa porte ? — Positivement ! répliqua-t-il ; nous sommes consignés l'un et l'autre, et cela est fort désagréable pour moi, qui n'ai fait le voyage que pour le voir, et nullement pour la cité de Vienne. Cette confidence m'affligea. Je fis pourtant le lendemain une nouvelle tentative ; mais elle fut aussi vaine que les autres ; l'entrée du paradis m'était décidément interdite. Mon Anglais qui, de son balcon, suivait de l'œil mes allées et venues avec une attention scrupuleuse, avait acquis la certitude, par des informations précises, que Beethoven habitait le corps de logis postérieur de la maison, ce qui le désolait fort, mais il n'en persévérait pas moins opiniâtrement dans son système d'observation. Ma patience, au contraire, fut bientôt à bout, et j'avais pour cela des raisons majeures. Une semaine s'était écoulée déjà en démarches infructueuses, et le produit limité de mes galops ne me permettait pas de prolonger beaucoup mon séjour à Vienne.

Le désespoir commençait à me gagner. Enfin, je confiai mon désappointement au maître de l'hôtel, et celui-ci me promit de m'aplanir tous les obstacles, mais à condition de ne rien révéler à l'Anglais. Tout disposé à me méfier de ce malencontreux personnage, je prêtai volontiers le serment qu'on me demandait. — Voyez-vous, me dit l'honnête hôtelier, il vient ici une kyrielle d'Anglais pour voir M. Beethoven et lier connaissance avec lui, ce qui le contrarie à l'excès, et leur indiscrète curiosité le met tellement hors de lui-même qu'il s'est déterminé à fermer sa porte à tous les étrangers sans exception. C'est un homme un peu original, et il faut l'excuser. Cela fait, du reste, fort bien les affaires de mon hôtel, car j'ai toujours ici bon nombre d'Anglais dans l'expectative, qui, grâce à la difficulté d'aborder M. Beethoven, sont obligés de séjourner ici plus longtemps. Mais puisque vous me promettez de ne donner l'alarme à personne, j'espère vous procurer incessamment la faveur d'être introduit auprès de M. Beethoven.

Ainsi chose plaisante ! c'était parce qu'on me confondait, moi, pauvre diable, avec MM. les touristes anglais que je n'avais pu réussir dans mon pieux dessein. Oh ! mes pressentiments n'étaient que trop vérifiés. Je devais à l'Anglais maudit la plus amère des déceptions. Je me déterminai aussitôt à déménager, car il était clair que tous les hôtes de cette auberge passaient chez Beethoven pour autant d'Anglais, et c'était là le motif de ma cruelle exclusion. Cependant la promesse de l'hôte de me faire obtenir une entrevue de Beethoven m'empêcha de partir. L'Anglais, de son côté, lui que je détestais à présent de toute mon âme, n'avait épargné aucune intrigue pour arriver à son but, mais il avait échoué néanmoins contre la rigoureuse consigne. Plusieurs jours se passèrent pourtant encore sans aucun résultat et les revenus de mes galops baissaient sensiblement, quand enfin mon hôte me confia que je ne pouvais manquer de voir de près Beethoven, en me rendant le soir dans une certaine brasserie où il avait l'habitude d'aller, et il me donna en même temps des renseignements détaillés qui devaient m'aider à reconnaître le grand artiste. Je me sentis revivre, et je résolus de ne pas remettre mon bonheur au lendemain. Il était impossible de saisir Beethoven à son passage dans la rue, car il sortait toujours de chez lui par une porte de derrière. Il ne me restait donc que la brasserie ; mais je l'y cherchai ce jour-là inutilement, et il en fut de même durant trois soirées consécutives. Enfin, le quatrième jour, comme je me dirigeais de nouveau vers la brasserie, je remarquai avec désespoir que l'Anglais me suivait de loin avec circonspection. Le malheureux, toujours posté à sa croisée, avait remarqué ma sortie à heure fixe, cela l'avait frappé, et, persuadé que je devais, pour en agir ainsi, avoir découvert le secret qui donnait accès près de Beethoven, il s'était décidé à me suivre, pour profiter de nia découverte. Il me raconta tout avec une naïve franchise, et finit par me déclarer qu'il me suivrait partout. J'eus beau protester que le but de ma promenade était tout simplement une modeste brasserie, beaucoup trop modeste pour mériter la visite d'un gentleman aussi distingué, il fut inébranlable dans sa résolution, et je maudissais ma triste destinée. Je cherchai à la fin à me défaire de lui par l'incivilité de mes procédés, mais il parut n'y attacher aucune importance, et se contentait de sourire doucement. Son idée fixe était de voir Beethoven, et il se souciait peu du reste.

Effectivement, je devais ce jour-là même jouir enfin pour la première fois de la vue de l'illustre compositeur. Rien ne saurait peindre mon ravissement et ma secrète rage tout à la fois, quand, assis côte à côte avec mon gentleman, je vis s'avancer le musicien allemand dont la tournure et les manières répondaient de tout point au signalement que m'avait fourni l'aubergiste. Une taille élevée, que dessinait une longue redingote bleue, des cheveux gris ébouriffés, et les mêmes traits, la même expression de visage que depuis si longtemps évoquait mon imagination. Il était impossible de s'y tromper, et je l'avais reconnu au premier coup d'œil. Il s'avança vivement, quoiqu'à petits pas, de notre côté. Le respect et la surprise enchaînaient tous mes sens. L'Anglais ne perdit pas un seul de mes mouvements, et examinait d'un œil curieux le nouveau venu, qui, après s'être retiré, dans l'endroit le plus écarté du jardin, peu fréquenté, du reste, à cette heure, se fit apporter par le garçon une bouteille de vin, et puis demeura quelque temps dans une attitude pensive, les mains appuyées sur le pommeau de sa

canne. Mon cœur palpitant me disait : c'est lui ! Pendant quelques minutes, j'oubliai mon voisin, et je contemplai d'un regard avide, avec une émotion indéfinissable, cet homme de génie qui seul maîtrisait tous mes sentiments et toutes mes idées, depuis que j'avais appris à penser et à sentir. Involontairement je me mis à parler tout bas, et j'entamai une sorte de soliloque qui se termina par ces mots trop significatifs : « Beethoven ! c'est donc toi que je vois ! » Mais rien n'échappa à mon inquisiteur, et je fus subitement réveillé de ma profonde extase par ces paroles confirmatives : — Yes! ce gentleman est Beethoven lui-même ! venez avec moi et abordons-le tous deux.
Plein d'anxiété et de dépit, je saisis par le bras le maudit Anglais pour le retenir à sa place : « Qu'allez-vous faire ? lui dis-je ; voulez-vous donc nous compromettre, ici, sans plus de cérémonie?...
— Mais, répliqua-t-il, c'est une excellente occasion, qui ne se retrouvera peut-être jamais. En même temps, il tira de sa poche une espèce d'album, et se dirigea tout droit vers l'homme à la redingote bleue. Exaspéré au dernier point, je saisis de nouveau cet insensé par les basques de son habit, en lui criant avec force : — Avez-vous donc le diable au corps !
Cette altercation éveilla l'attention de l'étranger. Il paraissait deviner avec un sentiment pénible qu'il était l'objet de ce conflit, et s'étant empressé de vider son verre, il se leva pour s'en aller. Mais l'Anglais s'en fut à peine aperçu qu'il fit un violent effort pour s'arracher à ma contrainte, et me laissant un pan de son frac entre les mains, il se précipita sur le passage de Beethoven. Celui-ci chercha à l'éviter, mais le traître ne lui en laissa pas la faculté, il lui adressa un élégant salut selon les règles de la fashion britannique, et l'apostropha en ces termes : — J'ai l'honneur de me présenter au très illustre compositeur et

très honorable monsieur Beethoven. — Il fut dispensé d'en dire davantage, car à la première syllabe Beethoven avait fait un écart rapide, et en jetant un regard furtif de mon côté, avait franchi le seuil du jardin avec la rapidité de l'éclair. Cependant l'imperturbable Anglais se disposait à courir après lui ; mais je l'arrêtai d'un mouvement furieux en m'accrochant à sa dernière basque, et lui, se retournant d'un air surpris, dit avec un ton singulier : — Goddam ! ce gentleman est digne d'être Anglais. C'est un bien grand homme, et je ne tarderai pas à faire sa connaissance.
Je demeurai pétrifié ; cette affreuse aventure m'ôtait désormais tout espoir de voir s'accomplir le plus ardent de mes vœux.
Je restai convaincu dès lors que toutes mes démarches pour avoir accès auprès de Beethoven seraient désormais infructueuses ; et, d'après la position de mes finances, je n'avais plus d'autre parti à prendre que de retourner sur mes pas, ou bien de risquer encore, pour parvenir à mon but, quelque tentative désespérée. La première alternative me faisait frissonner ; et qui ne se serait pas révolté à l'idée de se voir à jamais exclu du port après en avoir déjà franchi le seuil ? Avant de subir une aussi cruelle déception, je résolus donc de tenter un suprême effort. Mais à quel procédé avoir recours ? Quel chemin pouvait m'offrir l'issue favorable ? Je fus longtemps sans rien imaginer d'ingénieux. Toutes mes facultés, hélas ! étaient frappées d'atonie, et mon esprit était uniquement préoccupé de ce que j'avais vu tandis que j'étais accroché aux basques du maudit Anglais. Le regard furtif que m'avait lancé Beethoven dans cette affreuse conjoncture n'était que trop significatif : il m'avait assimilé à un Anglais ! Comment détruire cette funeste prévention dans l'esprit du grand compositeur ? Comment lui faire savoir que j'étais un franc et naïf Allemand, aussi pauvre d'argent

que riche d'enthousiasme ? — Enfin, je me décidai à soulager mon cœur oppressé en lui écrivant. Je traçai donc sur le papier une brève histoire de ma vie ; je lui racontais de quelle manière j'étais devenu musicien, quelle adoration je professais pour son génie, et quelle était ma tentation de le connaître et de le voir de près. Je ne lui cachais pas que j'avais sacrifié, pour y parvenir, deux années entières à me créer une réputation dans la facture des galops et des pots-pourris ; enfin, je lui décrivais les détails de mon pèlerinage et quelles souffrances m'avaient causées la rencontre et l'obstination de l'horrible touriste anglais.

Tout en rédigeant ce récit de mes infortunes, mon cœur se dilatait, et j'arrivai, en finissant ma lettre, à une sorte d'épanchement confidentiel qui m'inspira même quelques reproches nettement articulés sur sa cruauté à mon égard et l'injustice de ses soupçons. Ma péroraison était pleine de feu, et j'eus pour ainsi dire un éblouissement en relisant l'adresse que je venais d'écrire : À Monsieur Louis de Beethoven. J'adressai au Ciel une muette prière, et j'allai moi-même remettre ma lettre au concierge.

Mais en rentrant à mon hôtel, ivre d'espérance, quel fut mon désappointement en apercevant encore l'Anglais à sa fenêtre ! Il m'avait vu sortir de la maison de Beethoven ; il avait remarqué l'expression joyeuse et fière de ma physionomie, et il n'en fallait pas davantage pour réveiller les importunités de sa malveillance tyrannique. Il vint à ma rencontre sur l'escalier en me disant : — Eh bien ! bon espoir ! Quand reverrons-nous Beethoven ?   Jamais, jamais ! lui dis-je ; Beethoven ne sera plus visible pour vous. Laissez-moi, monsieur ! il n'y a rien de commun entre nous ! — Oh ! pardonnez-moi, répondit-il ; et la basque de mon habit ? De quel droit, monsieur, avez-vous agi ainsi avec moi ? C'est vous qui êtes cause de la réception que m'a faite M. Beethoven. Il est clair qu'il a dû se formaliser de cette inconvenance.

Outré d'une aussi ridicule prétention, je m'écriai : — Monsieur, je vous rendrai la basque de votre frac. Vous pourrez le conserver comme un souvenir honteux de votre offense envers l'illustre Beethoven, et de vos persécutions inouïes envers un pauvre musicien. Adieu, monsieur, et puissions-nous ne jamais nous revoir ! Il chercha à me retenir, en me disant, pour me tranquilliser, qu'il avait encore bon nombre d'habits en parfait état, et me demandant par grâce de lui apprendre quel jour Beethoven consentirait à nous recevoir. Mais je m'élançai avec impétuosité jusqu'à ma mansarde, et je m'y enfermai pour attendre impatiemment la réponse à ma lettre.

Comment exprimer ce qui se passa en moi lors qu'au bout d'une heure à peu près, on m'apporta un petit fragment de papier à musique sur lequel étaient tracées à la hâte les lignes suivantes :

« Pardonnez-moi, monsieur R..., de ne pouvoir vous recevoir que demain avant midi, étant occupé aujourd'hui à préparer un paquet de musique, qui doit partir par le courrier. Demain je vous attendrai.

Beethoven. »

Je tombai involontairement à genoux, les yeux baignés de larmes délicieuses, et je rendis grâce à Dieu de cette insigne faveur. Mon ravissement se traduisit ensuite par des bonds sauvages, et je me livrai dans ma petite chambre aux contorsions les plus folles. J'ignore quelle figure de danse j'exécutai dans mon délire ; mais je me rappelle encore avec quelle confusion je m'interrompis subitement en entendant quelqu'un qui semblait m'accompagner en sifflant l'air d'un de mes galops. Rendu à mon sang-froid par cette allusion ironique, je pris mon chapeau, je sortis de l'hôtel, et je m'élançai à travers les rues de Vienne, léger et fringant comme un écolier en maraude. Mes tribulations, hélas ! m'avaient jusque-là fait oublier que j'habitais Vienne. Aussi combien ne fus-je pas alors émerveillé du brillant aspect de cette ville impériale! Dans mon état d'exaltation, tout s'offrait à moi sous les plus séduisantes couleurs. La sensualité superficielle des habitants me paraissait une ardeur vitale pleine de fécondité, et dans leur manie de jouissances futiles et éphémères, je ne voyais qu'une active passion de l'art et du beau. Je lus les cinq affiches journalières des spectacles, dont l'une portait en gros caractères l'annonce de *Fidelio*, musique de Beethoven.

Comment me dispenser d'une semblable fête, malgré la piteuse situation de ma bourse ? On commençait l'ouverture au moment même où j'entrais au parterre. Je reconnus aussitôt que c'était un remaniement de l'opéra donné d'abord sous le titre de *Léonore*, et qui, à l'honneur du public viennois, n'avait obtenu à sa première apparition aucun succès. On ne peut nier, à la vérité, que l'ouvrage n'ait beaucoup gagné à son remaniement ; mais cela vient surtout de ce que l'auteur du second libretto offrit au musicien plus d'occasions de développer son brillant génie ; *Fidelio* possède d'ailleurs en propre ses admirables finales et plusieurs autres morceaux d'élite. Je ne connaissais, du reste, que l'opéra primitif. Qu'on juge donc de mon ravissement à l'audition de ce nouveau chef-d'œuvre ! Une très jeune fille était chargée du rôle de Léonore ; mais cette actrice paraissait tellement s'être identifiée, dès son âge le plus tendre, avec le génie de Beethoven, qu'elle remplissait sa tâche avec une énergie poétique faite pour émouvoir l'âme la plus insensible ; elle s'appelait Schrœder. Qui ne connaît aujourd'hui la réputation européenne de la cantatrice qui porte maintenant le double nom de Schrœder-Devrient ? À elle appartient la gloire d'avoir révélé au public allemand le sublime mérite de *Fïdelio*, et je vis ce soir-là le parterre étourdi de Vienne fasciné et fanatisé par son merveilleux talent. Pour ma part, j'étais ravi au troisième ciel.

Je ne pus fermer l'œil de la nuit. C'en était trop de ce que je venais d'entendre et du bonheur que me réservait le lendemain, pour que mes sens se laissassent captiver par l'illusion décevante d'un rêve. Je demeurai donc éveillé, livré à une ardente extase et tâchant de préparer dignement mes idées à l'entrevue solennelle qui m'était promise. Enfin le jour parut. J'attendis avec anxiété l'heure la plus convenable pour me présenter, et quand elle sonna, je tressaillis jusqu'à la moelle des os, enivré du bonheur dont j'allais jouir après tant de traverses et de mécomptes.

Mais une horrible épreuve m'attendait encore. Je trouvai froidement accoudé contre la porte de la maison de Beethoven un homme, un démon, cet Anglais acharné. Le diabolique personnage avait semé l'or de la corruption, et l'aubergiste vendu tout le premier à mon implacable ennemi, l'aubergiste qui avait lu le billet non cacheté de Beethoven, avait tout révélé au gentleman. Une sueur froide m'inonda à sa vue. Tout mon enthousiasme, toute la poésie de mes rêves furent glacés, anéantis ; je retombai sous la griffe maudite de mon mauvais ange.

— Venez ! me dit-il dès qu'il m'aperçut, allons ! entrons chez Beethoven. Je voulus d'abord le dérouter en niant que tel fût l'objet de ma démarche ; mais il m'en ôta bientôt la faculté en m'avouant par quel moyen il avait surpris mon secret, et il affirma qu'il ne me quitterait pas avant d'avoir vu Beethoven avec moi. J'essayai d'abord de lui démontrer combien son projet était déraisonnable : vaines paroles ! Je me mis en colère et m'efforçai de le quereller : vains efforts ! À la fin, j'espérai pouvoir me soustraire à cette contrainte parla vivacité de mes jambes ; je montai l'escalier quatre à quatre, et tirai violemment le cordon de la sonnette. Mais avant qu'on eût ouvert la porte, l'Anglais m'avait atteint, et se cramponnant par derrière à mon habit : — J'ai, me dit-il, un droit sur vos basques, et je ne lâcherai prise, mon cher, que devant Beethoven lui-même ! Poussé à bout, je me retourne avec fureur, presque résolu à me servir des voies de fait pour me débarrasser de l'orgueilleux insulaire, quand la porte s'ouvre, et une vieille gouvernante, d'une mine assez revêche, à l'aspect de cet étrange conflit, s'apprêtait déjà à la refermer. Dans une angoisse extrême, je criai mon nom avec éclat en protestant que Beethoven lui-même m'avait donné rendez-vous à cette heure. Mais la vieille ne paraissait pas parfaitement convaincue, tant la vue du gentleman lui inspirait une juste méfiance, lorsque Beethoven parut lui-même sur la porte de son cabinet. Je m'avançai aussitôt pour lui présenter mes excuses, mais j'entraînai à ma suite l'Anglais damné qui ne m'avait pas lâché, et qui en effet ne me laissa libre que lorsque nous fûmes précisément en face de Beethoven. Je dis à celui-ci mon nom qu'il ne pouvait comprendre étant complètement sourd, mais pourtant il parut deviner que c'était moi qui lui avais écrit la veille. Alors il me dit d'entrer ; et aussitôt, sans se laisser troubler le moins du monde par la contenance pleine de surprise de Beethoven, l'Anglais se glissa sur mes pas dans le cabinet. J'étais donc enfin dans le sanctuaire ; mais la gêne affreuse où me jetait l'incroyable procédé de mon compagnon m'ôtait toute la sérénité d'esprit qui m'eût été nécessaire pour apprécier toute l'étendue de mon bonheur. Beethoven n'avait dans son extérieur, il faut en convenir, rien de séduisant. Vêtu d'un négligé fort en désordre, il avait le corps ceint d'une écharpe de laine rouge. Son abondante chevelure grise encadrait son visage, et l'expression de ses traits, sombre et même dure, n'était guère capable de mettre un terme à mon embarras. Nous nous assîmes

devant une table couverte de papiers ; mais une préoccupation pénible nous dominait tous, personne ne parlait, et Beethoven était visiblement contrarié de donner audience à deux personnes au lieu d'une. Enfin il me dit d'un ton brusque : — Vous venez de L... ? J'allais lui répondre, mais il m'arrêta en me présentant une main de papier avec un crayon, et il ajouta : — Ecrivez, s'il vous plaît. Je n'entends pas.
J'étais instruit de la surdité de Beethoven, et pourtant ce fut comme un coup de poignard que ces mots articulés de sa voix rauque : Je n'entends pas ! Vivre dans la pauvreté et les privations, n'avoir au monde d'autre consolation, d'autre joie que la pensée de sa puissance comme musicien, et se dire, à toute heure, à toute minute : Je n'entends pas !... Je lus dans ce seul mot tout le secret de l'aspect défavorable de Beethoven ; je compris la raison de cette tristesse profonde empreinte dans sa physionomie, de la sombre humeur de son regard, et du dépit concentré d'ordinaire sur ses lèvres : il n'entendait pas !... Plein de trouble et d'émotion, et à peine maître de moi, j'écrivis pourtant quelques mots d'excuse accompagnés d'une brève explication des circonstances qui avaient amené chez lui l'Anglais à mes trousses. Celui-ci était demeuré immobile, en silence, et très satisfait de lui-même, en face de Beethoven qui, après avoir lu mes lignes manuscrites, lui demanda assez brusquement ce qu'il y avait pour son service.
— J'ai l'honneur, répliqua l'Anglais... — Monsieur, dit Beethoven, je ne vous entends pas, et je ne puis pas beaucoup parler non plus. Ecrivez ce que vous désirez de moi. L'Anglais réfléchit
un moment, puis il tira de sa poche un élégant album de musique, en me disant: Très bien ! voulez-vous écrire que je prie M. Beethoven d'examiner mes compositions, et s'il

y trouve quelque passage qu'il n'approuve pas, de vouloir bien les signaler par une croix.

J'écrivis sa réclamation mot à mot dans l'espoir d'être bientôt débarrassé de sa présence ; et j'avais deviné juste. Beethoven, après avoir lu, écarta de la main sur la table, avec un étrange sourire, l'album de l'Anglais, et lui dit enfin : Je vous le renverrai, monsieur. Mon gentleman enchanté se leva, fit une superbe révérence, et se retira.

Je respirai enfin ! La physionomie de Beethoven lui-même perdit quelque chose de son austérité, il me considéra quelques secondes, et me dit : « Cet Anglais paraît vous avoir beaucoup tourmenté ; consolez-vous-en avec moi, car il y a longtemps que je suis en butte à ces odieuses persécutions. Ils viennent visiter un pauvre musicien comme ils iraient voir une bête curieuse. Je suis peiné de vous avoir un moment confondu avec cette sorte de gens. Votre lettre témoigne que mes compositions vous ont satisfait ; cela me fait plaisir, car j'ai renoncé à peu près à conquérir les suffrages de la multitude » . Ces paroles simples et familières dissipèrent toute ma timidité, et, pénétré de joie, j'écrivis que j'étais loin assurément d'être le seul qui brûlât du même enthousiasme pour les productions de son brillant génie, et que le plus ardent de mes vœux serait de le voir un jour dans l'enceinte de ma ville natale, où il jouirait de l'admiration unanime inspirée par son talent.

— Les Viennois, en effet, me dit-il, m'impatientent souvent, ils entendent journellement trop de futilités déplorables pour pouvoir écouter de la musique sérieuse avec la gravité convenable.

Je voulus réfuter cette critique en citant les transports dont j'avais été témoin la veille à la représentation de Fidelio.

— Hum, hum ! fit-il, Fidelio ?... Mon Dieu, c'est par vanité personnelle qu'ils applaudissent cet ouvrage de la sorte, à cause de la docilité pour leurs conseils dont ils s'imaginent que j'ai fait preuve dans le remaniement de cette partition, et ils croient que leur approbation de commande est une parfaite compensation de mon pénible travail. Ce sont de braves gens, mais légers de science ; et c'est pour cela, du reste, que leur société me plait davantage que la vôtre, messieurs les érudits. Du reste, comment trouvez-vous Fidelio maintenant ?

— Je lui fis part de l'impression délicieuse que j'avais ressentie la veille, en observant que l'adjonction des nouveaux morceaux avait merveilleusement modifié et complété tout l'ensemble. — Maudite besogne ! répartit Beethoven. L'opéra n'est point mon fait ; du moins je ne connais pas de théâtre au monde pour lequel je voudrais m'engager à composer un nouvel ouvrage. Si j'écrivais une partition conformément à mes propres instincts, personne ne voudrait l'entendre, car je n'y mettrais ni ariettes, ni duos, ni rien de tout ce bagage convenu qui sert aujourd'hui à fabriquer un opéra, et ce que je mettrais à la place ne révolterait pas moins les chanteurs que le public. Ils ne connaissent tous que le mensonge et le vide musical déguisés sous de brillants dehors, le néant paré d'oripeaux. Celui qui ferait un drame lyrique vraiment digne de ce nom passerait pour un fou, et le serait en effet, s'il exposait son œuvre à la critique du public, au lieu de la garder pour lui seul.

— Et comment lui demandai-je, faudrait-il s'y prendre pour composer un semblable opéra ? — Comme Shakespeare dans ses drames, répondit-il ; et il ajouta : Quand on consent à adapter au timbre de voix d'une actrice de ces misérables colifichets musicaux destinés à lui procurer les bravos frénétiques d'un parterre frivole, on est digne d'être rangé dans la classe des coiffeurs ou des fabricants de corsets, mais il ne faut pas aspirer au titre de compositeur. Quant à moi, de semblables humiliations me répugnent. Je n'ignore pas que bien des gens raisonnables, tout en me reconnaissant un certain mérite en fait de composition instrumentale, se montrent beaucoup plus sévères à mon égard au sujet de la musique vocale. Ils ont raison, si par musique vocale ils entendent la musique d'opéra, et Dieu me préserve à jamais de me complaire à des niaiseries de ce genre.

Je me permis de lui demander si jamais quelqu'un avait osé, après avoir entendu sa cantate d'*Adélaïde*, lui refuser la vocation la plus caractérisée pour le genre de la musique vocale. — Eh bien ! me répondit-il après une courte pause, *Adélaïde* et quelques autres morceaux de la même nature ne sont que des misères qui tombent assez tôt dans le domaine de la vulgarité, pour fournir aux virtuoses de profession un thème de plus qui puisse servir de cadre à leurs tours de force gutturaux. Mais pourquoi la musique vocale n'offrirait-elle pas, aussi bien que le genre rival, matière aune école sévère et grandiose ? La voix humaine est pourtant un instrument plus noble et plus beau que tout autre ; pourquoi ne pourrait-on pas lui créer un rôle aussi indépendant ? Et à quels résultats inconnus ne conduirait pas un pareil système ? Car la nature si multiple des voix humaines, et en même temps si différente de celle de nos instruments, donnerait à cette nouvelle musique un caractère tout spécial enlui permettant les combinaisons les plus variées. Les sons des instruments, sans qu'il soit possible pourtant de préciser leur vraie signification, préexistaient en effet dans le monde primitif comme organes de la nature créée, et avant même qu'il y eût des hommes sur terre pour recueillir ces vagues harmonies. Mais il en est tout autrement du génie de la voix humaine ; celle-ci est l'interprète directe du cœur humain, et traduit nos sensations abstraites et individuelles. Son domaine est donc essentiellement limité, mais ses manifestations sont toujours claires et précises. Eh bien ! réunissez ces deux éléments ; traduisez les sentiments vagues et abrupts de la nature sauvage par le langage des instruments, en opposition avec les idées positives de l'âme représentées par la voix humaine, et celle-ci exercera une influence lumineuse sur le conflit des premiers, en réglant leur élan et modérant leur violence. Alors le cœur humain s'ouvrant à ces émotions complexes, agrandi et dilaté par ces pressentiments infinis et délicieux, accueillera avec ivresse, avec conviction, cette espèce de révélation intime d'un monde surnaturel.

Ici Beethoven essoufflé s'arrêta un moment, puis il reprit en soupirant : — Il est vrai qu'une pareille tâche présente mille obstacles dans la pratique ; car pour faire chanter il faut des paroles, et qui serait capable de formuler en paroles la poésie sublime qui serait le brillant résultat de la fusion de tous ces éléments ? L'art de l'écrivain serait évidemment impuissant pour y parvenir. Je publierai bientôt un nouvel ouvrage qui vous rappellera les idées que je viens d'émettre : c'est une symphonie avec chœurs ; mais je dois appuyer sur les difficultés que m'a suscitées en cette circonstance l'insuffisance du langage poétique. Enfin j'ai arrêté mon choix sur la belle hymne de Schiller : *À la joie*. Ce sont là assurément de nobles et beaux vers, et pourtant qu'ils sont loin d'exprimer tout ce que j'ai rêvé à ce sujet

À présent même, j'ai peine à maîtriser l'émotion de mon cœur en me rappelant ces confidences par lesquelles le grand artiste m'initiait dès lors à l'intelligence complète de sa dernière et prodigieuse symphonie, qu'il venait à peine déterminer. Je lui exprimai ma reconnaissance avec toute l'effusion que devait provoquer cette insigne faveur, et je lui témoignai combien j'étais transporté d'apprendre la prochaine apparition d'un nouvel ouvrage de son génie. Je sentais mes yeux mouillés de larmes, et je fus presque tenté de m'agenouiller devant lui. Beethoven parut comprendre ce qui se passait en moi, il fixa sur moi un regard mélangé de tristesse et d'ironie, et me dit : — Vous pourrez prendre ma défense lorsqu'il s'agira de mon nouvel ouvrage. Rappelez- vous alors cet entretien, car je serai sans doute accusé de folie et de déraison par mainte personne raisonnable. Vous voyez pourtant bien, mon cher monsieur R..., que je ne suis pas encore précisément atteint de démence, quoique j'aie subi assez de tribulations depuis longtemps pour en courir la chance. Le monde voudrait que je prisse pour règle les idées qu'il se forme du beau, et non les miennes ; mais il ne songe pas que dans mon triste état de surdité, je ne puis obéir qu'à mes inspirations intimes, qu'il me serait impossible de mettre dans ma musique autre chose que mes propres sentiments, et que le cercle restreint de ma pensée n'embrasse pas, comme lui, leurs mille perceptions enivrantes, qui me sont totalement inconnues, ajouta-t-il avec ironie, et voilà mon malheur !

À ces mots, il se leva et se mit à marcher d'un pas rapide dans la chambre. Dans l'excès de mon émotion, je me levai pareillement, et je me sentis frissonner : il m'eût été impossible de pousser plus loin cet entretien en n'ayant recours qu'à des gestes ou à l'écriture. Il me sembla qu'en demeurant davantage je me rendrais importun ; mais je dédaignai de tracer froidement sur le papier quelques mots de remerciement et d'adieu ; je me bornai à prendre mon chapeau et à m'approcher du maître en lui laissant lire mon respectueux attendrissement dans mes regards. Il parut me comprendre et me dit : — Vous partez ? Restez-vous encore quelque temps à Vienne ? J'écrivis alors que l'unique but de mon voyage avait été de faire sa connaissance, et que, puisqu'il avait daigné m'accueillir avec autant de bonté, il ne me restait qu'à partir pénétré de joie et de reconnaissance. Il me répondit en souriant : — Vous m'avez écrit par quel moyen vous vous étiez procuré l'argent nécessaire à votre voyage. Vous pourriez rester à Vienne pour y publier de nouveaux galops ; c'est une denrée qui se débite ici à merveille. Je déclarai à Beethoven que j'avais renoncé pour jamais à ce genre de travail, et que je ne pouvais concevoir quel motif assez puissant pourrait me déterminer désormais à un pareil acte d'abnégation. — Bah ! bah ! répliqua-t-il, pourquoi donc pas ? Et moi, vieux fou que je suis, ne serais-je pas mille fois plus heureux de composer des galops ; au lieu qu'il me faudra végéter à tout jamais dans la carrière que j'ai embrassée. Bon voyage ! ajouta-t-il, pensez quelquefois à moi, et tâchons d'oublier les déceptions et les traverses de la vie.

Ému jusqu'aux larmes, j'allais me retirer ; mais il me retint encore en me disant : — Arrêtez ! nous allons expédier l'affaire de l'Anglais mélomane. Voyons où il faut mettre des croix ? Il prit en même temps l'album de l'Anglais et le parcourut en souriant, puis il le referma, et l'enveloppant d'une feuille de papier, il fit avec sa plume une énorme croix sur cette blanche enveloppe, en me disant : — Tenez ! remettez, je vous prie, à cet heureux mortel son chef-d'œuvre, et félicitez-le de ma part d'avoir deux oreilles bonnes et valides. J'envie réellement son sort. Adieu, mon cher, et conservez-moi votre amitié.

Ce fut ainsi qu'il me congédia, et je sortis de la maison dans un trouble extrême.

En rentrant à l'hôtel, je trouvai le domestique de l'Anglais occupé à attacher sa valise sur la voiture. Ainsi cet homme avait aussi bien que moi atteint son but, et je fus obligé de convenir qu'il avait fait preuve, à sa manière, de persévérance. Je montai à ma mansarde et fis mes préparatifs de départ pour le lendemain matin. Mes yeux tombèrent sur la grande croix apposée sur l'album de l'Anglais, et je ne pus réprimer un grand éclat de rire. Pourtant cette croix était un souvenir de Beethoven, et je me gardai bien de m'en dessaisir pour le gentleman musicien qui avait été le mauvais génie de mon saint pèlerinage. J'ôtai donc cette enveloppe que je réservai pour la collection de mes galops dignes de ce stigmate réprobateur. Quant à l'Anglais, je lui renvoyai son album intact avec un petit billet où je lui marquais que Beethoven avait été enchanté de sa musique, au point qu'il n'avait pas su où poser une seule croix de blâme.

Comme je quittais l'hôtel , l'Anglais montait justement dans sa voiture : — Oh ! adieu, me criait-il; vous m'avez rendu un très grand service, et je suis entièrement content d'avoir vu de près Beethoven. Voulez- vous que je vous emmène en Italie ?

— Qui donc allez-vous voir ? lui dis-je.

— Je veux faire la connaissance de M. Rossini. Oh ! c'est un bien grand compositeur.

— Merci, lui répondis-je, je connais Beethoven, et cela me suffit pour ma vie entière.

Nous nous séparâmes. Je jetai un dernier coup d'œil d'attendrissement sur la maison de Beethoven, et je me dirigeai du côté du nord, ennobli et relevé à mes propres yeux.

Le musicien et la publicité

Souvent quand je suis seul, et que les fibres musicales se mettent à vibrer dans ma poitrine ; que les sons divers et confus se groupent en accords, et que j'en sens jaillir enfin l'idée qui révèle tout mon être ; que l'enthousiasme m'enflamme, fait battre mes artères sous des pulsations violentes, et s'épanche de mes yeux mortels en larmes divines, souvent alors je me dis à part moi : « Ne suis-je pas vraiment un grand fou, de ne pas vivre toujours ainsi avec moi-même, de laisser là toutes ces félicités intimes, de me pousser à toute force au grand jour, et de me produire vaniteusement devant le public, dont les suffrages, si complets, si éclatants qu'ils puissent être, ne me donneront pas la centième partie des jouissances qui m'attendent dans la solitude ? Pourquoi tous ces mortels privilégiés, dont le cœur brûle du feu de l'inspiration divine, quittent ils leur sanctuaire ? Pourquoi courent-ils ainsi haletants dans les rues boueuses de la capitale, et recherchent-ils avec tant d'empressement des hommes ennuyés ou blasés, auxquels ils sacrifient à tout prix un bonheur ineffable ? Et que d'efforts, que d'agitation, que de déboires, pour avoir occasion de faire ce sacrifice ? Que de machinations et d'intrigues ils sont obligés de mettre en œuvre pendant une bonne moitié de leur vie, pour faire entendre au vulgaire ce qu'il ne pourra jamais comprendre ? Est-ce de peur que l'histoire de la musique ne vienne à s'arrêter quelque jour ou à s'interrompre ? Est-ce pour cela qu'ils effacent les plus belles pages de l'histoire de leur propre cœur, et qu'ils brisent le lien divin qui aurait rattaché des cœurs sympathiques de siècle en siècle, au lieu que maintenant il n'est question que de toutes sortes d'écoles et de manières ?

Il y a là quelque puissance occulte et inexplicable, dont moi-même, hélas ! je subis l'influence funeste. Plus j'y songe, moins je puis me rendre compte des motifs qui poussent les artistes à rechercher le grand jour de la publicité. Est-ce l'ambition, le désir du bien-être ? motifs bien puissants sans doute ; mais quel est l'homme sur lequel ils aient prise à l'heure de l'enthousiasme, ou dont ils puissent émouvoir le génie ? Dans la vie ordinaire, je conçois qu'on cède à ces motifs, quand il est question d'un bon dîner, d'un article louangeur dans les journaux ; mais jamais quand il s'agit de sacrifier les plus hautes jouissances qu'il soit donné à l'homme de goûter. Pour les cœurs aimants, ce pourrait bien être le désir irrésistible de laisser s'épancher le surplus de l'enthousiasme qui les enivre et de faire participer le monde entier à leur extase. Malheureusement, l'artiste ne voit point le monde tel qu'il est ; il se le représente comme étant à sa hauteur, il oublie qu'il n'est composé que de gens en fracs à la dernière mode et en mantilles de soie.

Ce désir immodéré et funeste de la publicité paraît-être tellement vivace, que même aux heures où l'inspiration a cessé, il continue à nous travailler le cerveau, et c'est dans ces heures qu'il faut lui donner le nom d'ambition. Ô ambition pernicieuse, à qui nous devons tous les airs, airs variés, etc., c'est toi qui nous enseignes à ravager systématiquement le sanctuaire de la poésie que nous portons en nous ! c'est toi qui dans ton ironie démoniaque nous pousses à souiller de roulades impudiques un chaste et pur accord ; à resserrer une pensée vigoureuse et large dans un lit étroit de cadences et de niaiseries !

Ô vous, *heureux infortunés*, aux joues creuses et pâles, aux yeux usés, vous vous êtes flétris au souffle brûlant de l'étude et du travail, afin que le public vous criât bravo ! pour l'enveloppe mensongère dont vous entouriez votre poésie dans les moments de calcul et de réflexion prosaïque, et que vous lui arracheriez avec joie si vous ne craigniez que votre création, si elle se montrait dans sa nudité, ne fût obligée de fuir honteuse et éperdue devant les railleries du vulgaire. Oh ! si vous étiez tous mes frères et mes amis, je vous ferais une proposition à l'amiable : je vous engagerais à faire de la musique pour votre compte, et à exercer en même temps quelque bon métier ou à spéculer à la Bourse. Vous seriez alors tout à fait heureux et vous pourriez mener bonne et joyeuse vie. Je veux vous donner l'exemple ; deux heures sonnent, je vais à la Bourse ; si j'échoue dans mes opérations, j'écrirai des quadrilles ; c'est un bon métier, qui fort heureusement n'a rien de commun avec la musique.

Une soirée heureuse

Fantaisie sur la musique pittoresque.

C'était par une belle soirée de printemps ; de chaudes ondulations glissaient par intervalles dans les airs, et nous annonçaient l'été, comme de brûlants soupirs d'amour. Nous suivions la foule qui se dirigeait vers un jardin public hors barrière : un corps de musiciens ouvrait ce soir-là une série de concerts qu'ils donnent annuellement dans cette localité. C'était une véritable fête : mon ami R... semblait dans l'extase. Avant que le concert ne commençât, il était déjà tout enivré d'harmonie ; il prétendait que c'était la musique intérieure qui d'avance vibrait et retentissait en lui. Nous nous établîmes sous un grand chêne : c'était notre place ordinaire ; on y était isolé de la foule, et l'on y entendait très distinctement la musique. De tout temps nous avons pris en pitié les malheureux auditeurs qui s'obstinent à se placer le plus près possible de l'orchestre ; nous ne pouvons nous expliquer le plaisir qu'ils semblent trouver à voir en quelque sorte la musique au lieu de l'entendre ; à suivre avec une anxiété curieuse les moindres mouvements des exécutants ; à guetter le moment où le timbalier, après avoir scrupuleusement compté les pauses, se dispose enfin à prendre sa part de la fête, et à faire gronder son instrument sous quelques coups vigoureux. Rien de plus prosaïque, rien qui désillusionne plus que les joues bouffies, les traits grotesquement contractés du trombone ou du cor, les mouvements saccadés des mains qui grimpent le long des chanterelles, des basses et des violoncelles, ou même l'éternel *va et vient*, de l'archet des violons. Voilà pourquoi nous avions choisi une place, où sans rien perdre des nuances les plus délicates du jeu des instruments, nous nous épargnions l'aspect de l'orchestre.

On nous donna de fort belles choses, entre autres la symphonie de Mozart en *mi* bémol et celle de Beethoven en *la*. Quant le concert fut fini, mon ami resta en face de moi, les bras croisés sur la poitrine, muet, la figure souriante. La foule s'écoulait à petit bruit ; quelques personnes demeurèrent attablées çà et là dans les bosquets ; l'air du soir se refroidissait aux premières bouffées du vent de la nuit.

— Si nous prenions un verre de punch ? dit R... en se levant pour appeler le garçon.

Nous nous trouvions dans une de ces dispositions d'esprit qui sont trop précieuses pour ne pas chercher à les prolonger. Le punch ne pouvait que bien faire, et nous maintenir dans notre exaltation artistique. J'acceptai avec joie l'offre de R..., et bientôt après, un bol assez volumineux faisait jouer devant nous ses flammes bleuâtres.

— Que dis-tu de l'orchestre, demandai-je à R... après les premières rasades? Es-tu satisfait de la manière dont il a exécuté la symphonie ?

— Eh ! que parles-tu d'exécution, répondit-il ! Il y a des moments où les ouvrages que j'affectionne, si mal qu'ils soient joués, ne m'en plongent pas moins dans le ravissement ; et tu sais que j'ai l'ouïe très susceptible. Ces moments sont rares, à la vérité, et ils n'exercent leur doux empire sur moi, que quand mon âme est en parfaite harmonie avec ses organes matériels. Il suffit alors de la plus légère impulsion extérieure, pour que le morceau qui répond complètement à ce que j'éprouve en moi-même retentisse aussitôt dans mon cœur avec une perfection idéale, et telle que le meilleur orchestre du monde ne saurait y atteindre. Dans ces moments-là, mon ouïe, si difficile d'ailleurs, est assez souple pour que le *couac* d'un hautbois ne provoque tout au plus chez moi qu'un léger mouvement d'impatience ; avec un indulgent sourire je laisse glisser sur mon oreille le son faux d'une trompette, sans que le sentiment de béatitude où je me trouve en souffre, et sans que je cesse pour cela de me faire accroire que j'assiste à une exécution irréprochable. Or, dans une telle disposition d'esprit, rien ne me révolte plus que de voir un fat à l'oreille dédaigneuse qui s'indigne contre ces petits accidents, et qui s'en ira demain admirer au théâtre les roulades discordantes de quelque cantatrice en renom, qui blessent tout à la fois les nerfs et l'âme. C'est que chez les connaisseurs au goût si subtil et si superbe, la musique n'est qu'une affaire d'oreilles, souvent même ils n'en jugent que par les yeux. Je me rappelle avoir vu de ces messieurs qui, après avoir laissé passer une note fausse sans froncer le sourcil, l'instant d'après se bouchaient les oreilles, quand ils voyaient l'artiste, troublé et confus, hocher la tête en signe de dépit.

— Eh quoi ! objectai-je, tu t'emportes contre les gens à l'ouïe délicate ; et tant de fois je t'ai vu irrité jusqu'à la fureur par l'intonation quelque peu douteuse d'une virtuose de théâtre ?

— Aussi, s'écria R..., c'est d'aujourd'hui, du moment actuel que je parle. Dieu sait que la plus légère tache dans le jeu des plus célèbres violonistes est capable de me faire sortir des gonds ; que je maudis parfois les meilleures cantatrices, si satisfaites qu'elles puissent être de leurs vocalises ; qu'il m'arrive même de ne pas trouver le moindre accord entre les divers instruments de l'orchestre le mieux conduit. Je tombe dans ce rigorisme excessif les jours où mon bon génie me quitte, où je mets mon bel habit pour me mêler parmi les dames élégamment parées, et parmi les messieurs frisés et parfumés, dans l' espoir que le bonheur que j'ai perdu rentrera dans mon cœur par les oreilles. Il faut voir avec quelle anxiété scrupuleuse je pèse alors les jeux, et mesure les vibrations les plus fugitives. Quand la voix de mon cœur se tait, oh, alors! je suis tout aussi pointilleux que tous ces fats qui m'ont remué la bile aujourd'hui; et il y a des heures où une sonate de Beethoven pour violon ou violoncelle pourrait me mettre en fuite. Que béni soit le Dieu qui créa le printemps et la musique ! Aujourd'hui je suis heureux, et je puis te dire que je le suis !

En parlant ainsi, il remplit de nouveau les verres, et nous les vidâmes jusqu'à la dernière goutte.

— Et moi aussi, lui dis-je, moi aussi je me sens heureux! Et comment ne le serait-on pas, lorsque, dans une parfaite tranquillité d'esprit, et avec un doux sentiment de bien-être, on vient d'entendre deux compositions qui paraissent avoir été inspirées par le Dieu de la joie noble et pure ? Il me semble que ce fut une idée heureuse de rapprocher ainsi la symphonie de Mozart de celle de Beethoven ; j'ai cru découvrir une merveilleuse parenté entre ces deux ouvrages ; tous les deux peignent les transports qu'inspire à l'âme humaine la certitude d'avoir été créée pour le bonheur, transports que relève et sanctifie le pressentiment du monde immatériel. Toutefois, entre ces deux symphonies, il y a cette différence, à mon avis, que chez Mozart le langage du cœur s'exhale en doux et tendres désirs, tandis que dans l'œuvre de son rival le désir s'élance audacieusement vers l'infini. Dans la symphonie de Mozart, c'est la plénitude du sentiment qui prédomine ; dans celle de Beethoven, c'est la conscience courageuse de la force.

— Que j'aime, reprit mon ami, que j'aime à t'entendre caractériser ainsi ces sublimes compositions instrumentales ! Ce n'est pas que je croie que, dans ces aperçus rapides, tu en aies révélé le sens complet dans toute sa profondeur. On ne saurait le sonder, on saurait encore moins l'exprimer dans aucune langue humaine ; tout comme la musique est impuissante à rendre d'une façon claire et précise ce qui est du ressort exclusif de la poésie. 11 est vraiment malheureux que tant de gens veuillent à toute force se donner la peine inutile de confondre le langage musical avec celui de la poésie, et de vouloir compléter par l'un ce qui, d'après leurs vues étroites et bornées, resterait incomplet dans l'autre. C'est une vérité établie à tout jamais : là où le domaine du langage poétique cesse, commence celui de la musique. Rien ne me paraît plus insupportable que tous ces contes niais sur lesquels on prétend que ces compositions se fondent. Il faut qu'ils soient complètement dépourvus de sensibilité et d'intelligence artistique, ceux qui, pour suivre avec un intérêt soutenu l'exécution d'une symphonie de Beethoven, sont obligés de supposer que, dans les épanchements de son divin génie, Fauteur ait voulu développer quelque roman vulgaire, ce qui fait qu'ils sont tentés de lui chercher noise quand quelque coup imprévu vient déranger l'économie de leur historiette. Ils s'écrient alors avec dépit que le compositeur manque d'unité et de clarté, et qu'il n'y a pas d'harmonie dans les diverses parties de son œuvre !

— Il ne faut pas leur en vouloir, répliquai je ; laisse chacun, selon la portée de ses facultés imaginatives, combiner des contes plus ou moins insipides qui seuls les mettent à même de prendre goût à ces grandes révélations musicales. Combien n'y a-t-il pas de prétendus connaisseurs qui ne sauraient en jouir qu'à l'aide de ces suppositions ? Après tout, tu conviendras que, de cette façon, le nombre des admirateurs de notre Beethoven a reçu un accroissement considérable. Il faut même espérer que, par ce moyen, les œuvres du grand compositeur finiront par arriver à une popularité que, certes, elles n'obtiendraient jamais, si tout le monde leur prêtait un sens purement idéal.

— Au nom du ciel, dit R... vivement, voudrais-tu revendiquer pour ces saintes productions de l'art cette popularité banale, fléau de tout ce qu'il y a de noble et de grand ? Il ne manquerait plus que de réclamer pour elles l'honneur de faire danser les paysans au son des rythmes inspirateurs par lesquels elles se sont manifestées ici-bas !

— Tu vas trop loin, répondis-je avec calme ; je ne demande pas pour les symphonies de Beethoven la gloire de la rue ni du cabaret de village ; mais ne serait-ce pas pour ces œuvres un mérite de plus, si elles pouvaient parfois dilater le cœur étroit de l'homme du monde ordinaire ?

— Je ne veux pas qu'elles aient un mérite quelconque, ces symphonies, répliqua R... avec un mouvement d'impatience ; elles existent par elles-mêmes, pour elles-mêmes, et non pas pour mettre en joie les épiciers. Que celui qui en a la volonté et la force cherche à comprendre ces révélations, il aura bien mérité de lui-même et de son bonheur ; mais elles ne sont nullement tenues de s'imposer aux intelligences bornées.

Je remplis les verres en riant.

— Toujours le même ! toujours fantasque ! Tu sais qu'au fond nous sommes d'accord, mais tu t'obstines à ne vouloir pas me comprendre. Laissons tout bonnement de côté la popularité des symphonies de Beethoven, et fais-moi le plaisir de me mettre dans la confidence des sensations que les deux symphonies t'ont fait éprouver tantôt.

Le léger nuage qui avait voilé le front de mon ami se dissipa bientôt. Les yeux fixés sur les vapeurs qui s'élevaient du bol placé entre nous deux, il se prit à sourire :

— Mes sensations ? Que veux-tu que je t'en dise ? Je respirais avec bonheur l'air tiède d'une soirée de printemps ; il me semblait que j'étais assis sous un grand chêne, et qu'à travers les voûtes de verdure je voyais briller le ciel étoilé ; et puis j'éprouvais encore mille autres choses que je ne saurais exprimer ; et voilà tout.

— Pas mal ; sans doute pendant ce temps-là il semblait à tel de nos voisins qu'il fumait un cigare en prenant sa demi-tasse, et qu'il échangeait des œillades avec une jeune dame en robe bleue.

— Assurément, reprit R... d'un air sarcastique. Et le timbalier donc ! celui-là, j'en suis sûr, se figurait qu'il battait ses enfants mal appris qui tardaient à lui apporter son souper. C'est parfait ! À l'entrée du jardin, j'ai entrevu un paysan qui écoutait avec admiration et bonheur la symphonie en *la*. Je gage ma tête que c'est lui qui en aura eu l'intelligence la plus complète. Tu sais, sans doute, que naguère une de nos gazettes musicales disait que Beethoven, en écrivant cette symphonie, ne se proposait autre chose que de peindre une noce de village ; et le brave campagnard se sera de suite rappelé le jour de ses noces et les divers actes de cette grande journée, tels que : l'arrivée des invités, le repas, la bénédiction à l'église, les danses, et enfin les mystères de la chambre nuptiale.

— L'idée est assez plaisante, m'écriai-je en riant. Mais pourquoi, au nom du ciel, ne veux-tu pas que cette symphonie procure au bon paysan un instant de bonheur à sa façon ? N'a-t-il pas, toute proportion gardée, ressenti le même ravissement au fond du cœur que toi avec ton grand chêne et ton ciel étoile scintillant dans la feuillée ?

— Allons, je me rends, dit R... avec bonhomie ; c'est de tout cœur que je permets à *l'homme des champs* de se rappeler le jour de ses noces en écoutant la symphonie en *ré* mais quant aux gens instruits de nos villes qui écrivent dans les gazettes musicales, je serais tenté de leur casser la tête pour leur apprendre à faire circuler de pareilles niaiseries parmi les honnêtes gens, et à leur ravir ainsi d'avance l'indépendance d'esprit avec laquelle ils auraient écouté l'œuvre de Beethoven. Au lieu de s'abandonner à la naïveté spontanée de leurs propres impressions, ces braves gens, indignement abusés, au cœur plein et à la tête un peu faible, s'obstineront à chercher la noce de village dont on leur a parlé, solennité à laquelle, par parenthèse, ils n'ont jamais assisté, et à la place de laquelle ils se seraient peut-être figuré toute autre chose, en restant dans la sphère habituelle de leur imagination.

— Tu m'accordes donc, repris-je, que ces symphonies, par leur essence, n'excluent pas la possibilité d'interprétations diverses ?

— Au contraire, je suis persuadé qu'une explication stéréotypée n'est pas admissible. Si arrêtées et si précises que soient les proportions d'une symphonie de Beethoven, si complètes qu'elles soient comme édifice musical, ce n'en serait pas moins à tort que les impressions que ces compositions font sur le cœur de l'homme seraient ramenées exclusivement à une seule. La même chose a lieu plus ou moins dans tout autre art. Ainsi, un tableau, un drame agissent très diversement sur les diverses individualités, et même sur le cœur d'une même personne, à des époques différentes, et pourtant le peintre et le poète sont assujettis à une précision bien autrement rigoureuse que le compositeur de musique instrumentale, que rien n'oblige à modeler ses œuvres sur les apparitions de la vie ordinaire ; l'immense domaine de l'infini s'ouvre à son génie, et il donne la vie à ses conceptions à l'aide du son, l'élément le plus spiritualisé dont un art puisse disposer. Or, c'est rabaisser le musicien que de vouloir le forcer à mesurer son enthousiasme sur ce monde vulgaire qui l'entoure, et il renierait sa mission, le compositeur qui s'aviserait de transporter dans son art les proportions étroites des objets matériels.

— Ainsi, tu rejettes toute peinture à l'aide des sons ? lui demandai-je.

— Toutes les fois qu'elle n'est pas employée dans des intentions de plaisanterie et qu'elle ne rend point des apparitions purement musicales. Dès qu'il s'agit de plaisanter, tout est permis en musique ; une certaine étroitesse est dans l'essence intime du comique, et rire et faire rire est une belle et excellente chose. Dès que la peinture par les sons sort de là, elle devient absurde. Les motifs d'inspiration musicale doivent être de telle nature qu'ils n'aient pu prendre naissance que dans l'âme d'un musicien.

— Voilà un principe que tu aurais bien de la peine à établir. Au fond, je partage ton opinion ; toutefois je doute qu'elle puisse se concilier partout avec la commune et entière admiration que nous inspirent les œuvres du grand maître. Ne sens-tu pas que ton opinion se trouve, à certains égards, en contradiction directe avec les révélations de Beethoven ?

— Pas le moins du monde, et j'espère bien tirer mes preuves des œuvres mêmes du maître.

— Avant d'entrer dans les détails, dis-moi, ne trouves-tu pas que le caractère de la musique instrumentale de Mozart justifierait beaucoup mieux ton assertion que celui de Beethoven ?

— Pas que je sache. Beethoven a singulièrement agrandi la forme de la symphonie ; il a quitté les proportions de l'ancienne période musicale, que Mozart avait élevée au plus haut degré de beauté ; il s'en est affranchi pour suivre l'essor de son génie dans des régions que lui seul pouvait atteindre ; il s'est frayé sa route avec une liberté audacieuse et toujours calme et réfléchie, à laquelle il a su donner une conséquence philosophique ; de cette façon, tout en prenant la forme de la symphonie de Mozart pour base, il a créé un nouveau genre, dans lequel il atteignit en même temps les dernières limites de la perfection. Mais tout cela, Beethoven n'aurait pu l'entreprendre, si Mozart, avant lui, n'eût soumis la symphonie à l'action de son génie victorieux, si le souffle divin de son inspiration n'eût communiqué la vie et l'esprit à ces formes, à ces proportions inanimées, qui seules avaient prévalu jusqu'à l'époque de son avènement. Tel fut le point de départ de Beethoven, et le compositeur qui aspira pour ainsi dire l'âme divine de Mozart ne put jamais tomber de la haute sphère où séjourne la véritable musique.

— Tu as raison : toutefois tu conviendras que les épanchements du génie de Mozart ne jaillissent jamais que de sources purement musicales ; que chez lui l'inspiration se rattache constamment à un sentiment vague, et qu'il n'eût jamais pu rendre autrement que par des sons, quand même il aurait eu le don de la poésie. Je parle ici de l'inspiration qui naît dans l'âme du compositeur en même temps que la mélodie, que la formation musicale. La musique de Mozart porte l'empreinte caractéristique de cette spontanéité, et l'on ne saurait admettre qu'il ait formé d'avance le plan d'une symphonie, dont tous les thèmes et même l'expression musicale, telle qu'elle nous a été transmise, ne se fussent trouvés tout achevés dans sa tête. Au contraire, je ne puis me persuader que Beethoven n'ait pas toujours rattaché le plan d'une symphonie à quelque idée philosophique, et ne l'ait combiné en conséquence avant d'inventer les divers thèmes.

— Et dans quelle œuvre trouverais-tu les preuves de ce que tu avances, répliqua-t-il avec vivacité ? Est-ce peut-être dans la symphonie de ce soir.

— Ce serait assez difficile ; mais il me suffira de te nommer la symphonie héroïque. Tu sais qu'elle devait d'abord s'intituler Bonaparte. Pourrais-tu me contester qu'une idée étrangère au domaine de la musique ait inspiré Beethoven et lui ait suggéré le plan de cette œuvre gigantesque ?

— Je suis enchanté que tu aies cité cette symphonie. Penses-tu que l'idée de l'héroïsme, qui, dans son audace impétueuse, s'élance au faite des grandeurs, soit en dehors de la région de l'art musical ? ou trouves-tu que, dans son enthousiasme pour le jeune dieu de la victoire, Beethoven l'ait chanté assez mesquinement pour qu'il puisse te venir à la pensée qu'il ait voulu mettre en musique les bulletins de la première campagne d'Italie ?

— Où veux-tu en venir ? Je n'ai rien dit de pareil.

— Tu ne l'as pas dit explicitement, mais c'est le fond de ta pensée, poursuivit R... qui se passionnait de plus en plus. Pour admettre que Beethoven ait combiné le plan d'une symphonie en l'honneur de Bonaparte, il faudrait admettre qu'il n'eût pas été de force à créer autre chose qu'une de ces œuvres de commande qui, dès leur naissance, portent l'empreinte de la mort. Mais il s'en faut du tout au tout pour que la *Sinfonia eroïca* confirme une telle assertion. Au contraire, si c'eût été là le problème que l'artiste se fût imposé, il l'aurait bien mal résolu. Dis-moi, je te prie, où, quand, dans quel passage de cette composition trouves-tu le moindre trait qui puisse se rattacher, même de loin, au but supposé du compositeur de peindre tel ou tel moment de la carrière glorieuse du jeune capitaine ? Pourquoi la marche funèbre ; le scherzo avec les cors de chasse ; le finale avec cet adagio si doux, si plein de sensibilité et de mélancolie ? Où est le pont de Lodi ? Où sont la bataille d'Arcole, la marche sur Léoben, la victoire près des Pyramides, le 18 brumaire ? Quel compositeur eût passé sous silence de pareils moments, dès qu'il se serait proposé d'écrire une symphonie biographique de Bonaparte ? Mais, en vérité, Beethoven avait un but bien différent. Je vais te communiquer mes idées à cet égard. La plus petite composition musicale naît toujours dans l'esprit de l'auteur sous l'influence de quelque émotion, qui, à l'heure créatrice, s'empare de tout son être. Que l'inspiration soit déterminée par quelque impulsion extérieure, ou qu'elle jaillisse d'une source intime et mystérieuse ; qu'elle se manifeste sous la forme de mélancolie, de joie, de désir, de sensation de bien-être, d'amour ou de haine, elle provoquera constamment chez le compositeur quelque formation musicale, et se résoudra d'elle-même en sons, avant même que ces sons n'aient été arrêtés par la volonté de l'artiste. Que l'émotion soit énergique, passionnée, continue ; qu'elle détermine pendant des mois, des années la direction de nos sentiments et de nos idées, elle amènera la naissance d'œuvres plus larges, à dimensions plus vastes, telles, par exemple, que la *Sinfonia eroïca*. De pareilles dispositions d'âme, qu'elles se manifestent comme souffrances intérieures, ou avec le caractère de la force et du courage, prennent toujours leur source dans quelque événement extérieur, car nous sommes hommes, et notre destinée est régie par tout ce qui nous entoure. Mais ces émotions, au moment où elles forcent le compositeur à produire, se trouvent déjà converties en musique, en sorte qu'aux heures de création, ce n'est pas l'événement extérieur en lui-même, mais bien le sentiment qu'il a éveillé, qui provoque la naissance de l'œuvre musicale. Or, quelle apparition plus digne d'enflammer et de nourrir l'enthousiasme sympathique du génie ardent de Beethoven, que celle du demi-dieu qui brisait un monde pour en reconstruire un nouveau de sa main ? Qu'on se figure quelle devait être l'émotion du musicien qui, lui-même, était un héros à sa manière, quand il suivait d'exploit en exploit, de victoire en victoire, l'homme prodigieux dont tout le monde, ami ou ennemi, parlait avec la même admiration ! À cela il faut ajouter que Beethoven était républicain ; qu'il rêvait un état social où tous les hommes jouiraient à jamais dune félicité égale, et que c'était de Bonaparte qu'il attendait la réalisation de ses rêves. Comme le sang devait bouillonner dans ses veines ! Quelles flammes devait jeter son noble cœur, quand, de quelque côté qu'il se retournât pour consulter sa muse, il entendait toujours retentir ce nom glorieux ! Oh ! alors, sans doute, lui aussi devait se sentir pressé de prendre un essor extraordinaire ; lui aussi, il avait la puissance et l'énergie qui fait le héros, et il voulait s'illustrer par quelque grand exploit. Il ne commandait pas d'armée, mais, dans la région de l'art, il voyait s'ouvrir devant lui un domaine où il pouvait accomplir de grandes choses, comme Bonaparte en avait accompli dans les plaines de l'Italie. Ce fut dans cet état de surexcitation musicale que Beethoven conçut une œuvre comme jamais

De la musique allemande

Grâce soit rendue au zèle et au talent des artistes distingués qui se sont chargés de la noble tâche de familiariser le public parisien avec les chefs-d'œuvre de nos compositeurs ; chefs-d'œuvre dont, comme il fallait s'y attendre, l'exécution irréprochable a provoqué l'enthousiasme des auditeurs. Félicitons-nous donc de voir s'abaisser des barrières que l'essentielle diversité des nations maintiendra peut-être à tout jamais, mais devant lesquelles du moins l'art devrait toujours passer en franchise. Il faut pourtant convenir qu'en France les productions étrangères trouvent des juges moins indulgents et des préventions plus défavorables qu'en Allemagne, où l'on s'éprend d'une réputation ou d'un ouvrage exotique avec plus d'ardeur que n'en comporte une véritable indépendance d'esprit. La différence consiste en ce que l'Allemand, dénué de l'ingéniosité qui crée ou modifie la mode, accueille toutefois spontanément et sans réserve celles qu'on importe dans sa patrie, et, dans cette occurrence, il sacrifie aveuglément à l'influence étrangère son instinct et son discernement personnel. Mais c'est un reproche qui ne s'adresse qu'à la masse de nos compatriotes ; car il arrive au contraire que, révoltés de cette condescendance générale, nos artistes de profession prennent le contre-pied trop direct de l'opinion vulgaire, et, par un excès de patriotisme condamnable, méritent d'être taxés par les étrangers de partialité et d'injustice. C'est tout le contraire en France. La masse du public y est parfaitement contente des productions nationales, et n'a pas la moindre velléité de perfectionner son goût en s'initiant à un autre style ; mais la classe distinguée est d'autant plus portée à faire un accueil bénévole aux musiciens étrangers, et à payer à toute production remarquable un juste tribut d'admiration.

Une preuve incontestable de notre assertion est dans le succès brillant obtenu par les exécutions de nos œuvres instrumentales ; mais il n'en faut pourtant pas conclure que les Français aient une intelligence parfaite de la musique allemande. Rien n'est moins avéré encore. Certes il serait déraisonnable de prétendre que l'enthousiasme excité par les symphonies de Beethoven, exécutées au Conservatoire de Paris, n'est qu'un enthousiasme affecté ; mais il suffit néanmoins d'écouter les réflexions, les observations suggérées à la plupart des nouveaux auditeurs de ces chefs-d'œuvre pour se convaincre que le génie de la musique allemande est bien loin d'être apprécié par eux convenablement. Il n'est donc pas hors de propos d'entrer dans quelques développements à ce sujet afin d'éclairer la matière et les jugements qu'on en porte en sens divers.

On a répété souvent, et pour ainsi dire accepté comme un principe ce dicton comparatif: en Italie la musique est l'interprète de l'amour, en France c'est un délassement de société, en Allemagne c'est une science abstraite et sérieuse. Il serait peut-être plus rationnel d'exprimer la même pensée en ces termes : l'Italien a l'instinct du chant, le Français l'amour-propre du virtuose, mais à l'Allemand appartient le vrai sentiment de la musique. L'Allemand, en effet, a seul le droit peut-être de revendiquer le titre de musicien, car il est incontestable qu'il aime l'art musical pour l'art lui-même, à cause de sa divine essence, et non comme un moyen vulgaire d'irriter ses passions, ou comme un instrument de fortune et de considération. L'artiste allemand se consacre, se dévoue tout entier à sa vocation. Il écrit de la musique pour lui seul, ou pour un ami intime, sans se préoccuper de la publicité de son œuvre. Il est rare qu'il soit possédé de l'envie de se créer

une réputation ; la plupart ne se doutent même pas de la route qu'il faut suivre pour obtenir un pareil résultat, et de quels auditeurs il leur importerait de capter les suffrages.
Le sol de l'Allemagne est divisé en une infinité de monarchies, d'électorats, de duchés et de villes libres. Le musicien dont je parle habite peut-être une petite ville d'une obscure province ; comment songerait-il à se fonder une renommée là où il n'existe pas même un public ? Supposons pourtant qu'il soit doué d'ambition, ou dans la nécessité de mettre à profit ses connaissances musicales ; il se rendra alors dans la capitale de son duché ou de sa principauté. Mais la résidence est déjà pleine de nombreux et excellents virtuoses et compositeurs, et que de difficultés pour se frayer un chemin dans la foule ! Cependant il y parvient à force de travail et de persévérance. Ses ouvrages obtiennent déjà de la faveur ; mais à vingt lieues de là, dans le duché voisin, nul ne connaît son nom. Que sera-ce donc s'il prétend devenir populaire en Allemagne, et comment y parviendra-t-il jamais ? Il ne se rebute pas encore ; mais durant cette difficile épreuve il vieillit, puis il meurt ; on l'enterre, et sa popularité descend avec lui dans la tombe. Telle est à peu de chose près l'histoire de plusieurs centaines d'aspirants à la gloire musicale que chaque année voit paraître ou disparaître. Comment s'étonner après cela que la plupart de nos compatriotes renoncent de prime-abord à se créer une carrière avec la musique ? On conçoit qu'ils préfèrent choisir une profession quelconque capable d'assurer leur existence, et qui leur permet de s'adonner sans souci, dans leurs instants de loisir, à cette musique qui les charme, qui les console, qui nourrit leur âme de pures émotions, mais dont le côté brillant ne tente point leur vanité. Et l'on aurait tort de penser pour cela qu'ils ne font que de la musique banale ; tant s'en faut. Allez les observer, réunis dans une chambre

modeste par une soirée d'hiver. Voici un père avec ses trois enfants : deux d'entre eux jouent du violon, l'autre tient l'alto, le père le violoncelle ; ce que vous entendez là, rendu avec tant de précision et de sentiment, n'est pas moins qu'un quatuor composé par ce petit homme qui bat la mesure. C'est le maître d'école du village voisin, et vous ne nierez pas que son travail respire une entente exquise de l'art. Je vous le répète, prêtez à ces concerts bourgeois une oreille attentive, et vous vous sentirez ému, pénétré jusqu'au fond de l'âme ; vous apprendrez à connaître la musique allemande, et vous saurez jusqu'où va le génie instinctif de cette nation. Il ne s'agit pas ici de conquérir un encouragement flatteur par tel ou tel passage brillant et mis exprès en relief. Tout ici respire la bonne foi et la sincérité, et par cela même la noblesse et l'élévation d'esprit.

Mais transportez ces musiciens admirables devant un vrai public, au milieu d'un salon d'apparat, et ils ne seront plus les mêmes ; leur timidité naïve les jettera dans un embarras extrême, et la crainte de ne pouvoir répondre à l'attente des auditeurs leur donnera presque de la honte. Ils s'informeront par quels artifices on réussit à se faire applaudir, et par une honnête défiance, ils prendront à tâche d'oublier leur talent naturel, pour y substituer ces procédés artificiels dont ils avaient à peine jusque-là entendu parler. Ils s'imposeront une contrainte pénible pour sacrifier avant tout à la manie de briller ; et ces mêmes voix qui chantaient le *lied* national avec une expression si touchante, se fatigueront à imiter les rapides cadences, les fioritures italiennes. Mais comment n'échoueraient-ils pas dans une lutte semblable, et quel plaisir pourraient vous causer ces maladroites tentatives, à vous qui avez entendu maintes fois les maîtres de chant exécuter dans toute leur perfection ces difficultés musicales ? Nonobstant cette infériorité, ces exécutants si maladroits sont pourtant, soyez-en sûrs, les artistes par excellence, et leur âme nourrit un feu sacré mille fois plus pur et plus fécond que la flamme passagère et fantastique qui vous a si souvent éblouis dans vos pompeux salons. Ce n'est que l'excès de la modestie et un faux respect humain qui ont altéré leur nature primitive. Ceci, du reste, est le plus mauvais côté de l'histoire de la musique allemande.

L'artiste allemand a donc de graves obstacles à surmonter, tant à cause de son organisation propre que par suite de l'état politique de son pays. La nature lui a refusé cette disposition pour le chant, ou plutôt cette vocalisation pleine de souplesse et de grâce dont l'Italien est doué en naissant; et la constitution du territoire vient compliquer pour lui la difficulté de se faire un nom. Le compositeur d'opéras est réduit à se modeler sur le style et les habitudes du chant italien, et pour ainsi dire obligé de confier le soin de sa renommée à la scène étrangère, puisque sa patrie ne possède pas de théâtre national dans l'acception complète du mot. On peut affirmer, en effet, que le musicien qui donne un ouvrage à l'Opéra de Berlin restera absolument inconnu à Vienne ou à Munich, et ce n'est qu'après avoir été promulgué au-delà des frontières que son succès aura du retentissement dans les différents cantons de l'Allemagne. Autrement toutes les productions allemandes ont, partout ailleurs qu'au lieu de leur apparition, un air d'élucubration provinciale, et si cela est vrai même pour les artistes les plus distingués des grands centres de population, que sera-ce pour les modestes représentants des villes de second et de troisième ordre ? Je sais bien que le vrai génie finit par triompher de tous les obstacles, mais ici ce sera presque toujours aux dépens de son indépendance nationale. Quoi qu'il en soit, le talent musical des Allemands aura toujours pour signe distinctif une certaine originalité de terroir; aussi, pour une foule de chansons exclusivement populaires en Prusse, en Autriche, en Souabe, etc., nous ne possédons pas un seul hymne national *allemand.*

Ce défaut de centralisation, tout en nous privant de ces grands ouvrages qui sont comme les trophées d'un peuple, a pourtant contribué éminemment à maintenir parmi nous le caractère intime et familier de l'art musical. Ainsi, c'est précisément peut-être à l'absence d'un centre qui ait absorbé et accaparé tout ce que l'Allemagne renferme d'éléments artistiques, grâce auxquels elle aurait pu prétendre aux succès les plus grandioses, qu'il faut attribuer la richesse particulière de chaque province où tant de musiciens, qui ne doivent rien qu'à eux-mêmes, cultivent assidûment un art qu'ils chérissent. La conséquence de cet état de choses a été l'extension générale des études musicales jusque dans les plus obscures bourgades et les plus humbles chaumières. C'est en effet une chose surprenante que la valeur des forces musicales qu'on trouve à chaque pas, en Allemagne, dans les localités les plus insignifiantes ; et bien qu'il y ait souvent disette de voix pour l'exécution d'un opéra, par exemple, nulle part on ne sera embarrassé de réunir un orchestre capable déjouer des symphonies avec la plus grande perfection. Dans des villes de vingt à trente mille âmes, ce n'est plus un seul, mais trois et quatre orchestres admirablement organisés, et sans compter d'innombrables amateurs tous aussi bons, sinon meilleurs virtuoses que les artistes de profession.

Je dois pourtant vous dire plus en détail ce qu'il faut entendre par un musicien allemand. Sachez qu'il est extrêmement rare qu'un de ces artistes, fût-ce le dernier de l'orchestre, ne connaisse que la pratique d'un seul instrument. Presque tous sont d'une force égale au moins sur trois, et il en est bien peu qui ne se livrent pas en même temps à la composition, non pas seulement par routine et comme des manœuvres, mais avec une connaissance approfondie de l'harmonie et du contrepoint. Tous les membres pour ainsi dire d'un orchestre qui jouera une symphonie de Beethoven seraient en état de l'apprécier et de l'analyser avec une intelligence admirable ; et c'est au point que cette unanime confiance de chacun dans ses propres forces nuit quelquefois à l'ensemble de l'exécution ; car il arrive qu'entraîné par son propre élan, chacun se livre trop à ses inspirations personnelles, au détriment de l'harmonie générale.

On peut donc regarder à bon droit parmi nous les classes les plus modestes de la société comme celles où l'art musical a jeté les plus profondes racines ; car le grand monde n'offre pour ainsi dire qu'un cadre plus riche et plus brillant aux productions que fait éclore un travail assidu dans ces régions inférieures et subalternes. C'est donc au sein de ces familles bourgeoises que réside vraiment la musique allemande dans sa pureté originelle, et ce n'est que là où elle s'adresse exclusivement au sentiment moral et jamais à un vain amour-propre, qu'elle est à sa véritable place. Entre les mains de ces honnêtes et naïfs artistes qui n'ont point à se préoccuper de l'opinion d'un public prévenu, l'art rejette toute affectation et toute parure d'emprunt pour se montrer dans le pur et simple appareil de la vérité. Ce n'est plus seulement ici l'oreille qu'il faut satisfaire, il faut aussi faire la part de l'âme et du cœur. L'Allemand veut non seulement sentir, mais encore penser la musique, si je puis m'exprimer ainsi ; le plaisir de la sensation physique doit céder au besoin d'une satisfaction intellectuelle. Au-delà de l'impression extérieure résultant d'une combinaison musicale, l'Allemand veut en analyser le secret organique, et il recherche dans l'étude sérieuse du contrepoint la source de ces émotions si vives et si merveilleuses que lui font éprouver les œuvres des grands maîtres ; il se perfectionne ainsi dans la théorie, et devient lui-même pour ainsi dire aussi habile qu'eux en fait de critique et d'appréciation musicales.

Ce besoin de jouissances musicales se transmet de père en fils, et les moyens d'y répondre deviennent une partie essentielle de l'éducation. C'est dès l'enfance, et en même temps qu'ils suivent leurs études scolastiques, que les Allemands s'initient aux principes les plus abstraits et les plus profonds de la science musicale ; et aussitôt qu'ils sont en état d'exercer spontanément leur jugement et leur goût, la musique se trouve naturellement un des objets habituels de leurs pensées et de leurs réflexions. Bien loin de ne voir alors en elle qu'un instrument de distraction, ils apportent au contraire dans sa pratique le même sentiment de vénération et de piété que leur inspirent les devoirs les plus sacrés. De là cette espèce de rêverie sérieuse et mélancolique qui s'identifie pour eux avec l'exercice de cet art, et qui caractérise en Allemagne toutes ses productions.

C'est autant à cause de cette manière de sentir que par suite de l'insuffisance de son éducation vocale, que l'Allemand s'adonne de préférence à la musique instrumentale. Si nous admettons d'ailleurs que tout art possède une branche spéciale qui le représente d'une manière plus complète et plus absolue, c'est sans contredit, pour la musique, le genre instrumental. Dans les autres, en effet, l'élément primitif est toujours plus ou moins altéré par un principe secondaire, et jamais l'alliage qui en résulte ne produit, comme l'a démontré l'expérience, d'aussi brillants effets que le genre purement instrumental. Combien d'adjonctions hétérogènes et d'accessoires de toute sorte, par exemple, l'esprit ne doit-il pas apprécier à la représentation d'un opéra pour arriver à la parfaite intelligence de la pensée du compositeur ? Et que de fois celui-ci n'est-il pas obligé de subordonner ses inspirations à de vulgaires détails totalement opposés à la dignité de l'art ? Dans le cas extrêmement rare où toutes les parties intégrantes d'un pareil ouvrage se trouvent par bonheur conformes et analogues au mérite de la musique elle-même, j'avoue qu'on jouit alors d'un perfectionnement dont la valeur intrinsèque et le charme séducteur n'ont pas besoin d'être relevés. Mais cela même ne saurait ravir au genre instrumental proprement dit le premier rang. Car là seulement le musicien n'est assujetti à aucun sacrifice, et peut réaliser les plus sublimes inspirations de sa science ; c'est le seul domaine où, indépendant de toute influence étrangère, le génie peut atteindre à l'idéal ; c'est là qu'appartient sans réserve au talent l'usage de toutes les ressources de l'art, sans excursion possible au dehors

Il n'est donc pas surprenant que l'Allemand, grave et méditatif, s'adonne par prédilection au genre instrumental ; car c'est celui qui répond le mieux à son penchant pour la rêverie, sans que son attention soit circonscrite sur une idée déterminée ; celui qui permet à son imagination de flotter au hasard dans la vague région des pressentiments, affranchie de tout lien matériel.

Pour être initié à la compréhension de ces chefs-d'œuvre spéciaux, il ne faut ni secours étrangers, ni scène resplendissante, ni chanteurs richement rétribués, ni aucun apparat théâtral ; un violon, un piano suffisent à leur manifestation magnifique et glorieuse ; et tous les Allemands sont passés maîtres sur l'un ou l'autre de ces instruments. Les plus modestes résidences renferment même assez d'artistes consommés pour organiser un orchestre capable de rendre les conceptions les plus grandioses et les plus compliquées. Or, quelle réunion des produits les plus variés des autres arts équivaudrait à l'enchantement magique produit par un excellent orchestre exécutant une symphonie de Beethoven ? Aucune assurément. Il n'est point de combinaison matérielle quelque riche et gracieuse qu'on la suppose, qui pût lutter avec l'illusion fantastique résultant de l'audition d'un de ces chefs-d'œuvre.

L'Allemand a donc, pour ainsi dire, des droits exclusifs sur la musique instrumentale ; c'est pour lui une seconde vie, une autre nature. Et c'est peut-être à cette timidité naïve, trait distinctif du caractère national, qu'il faut attribuer chez nous l'immense développement de cette étude. C'est elle qui empêche les Allemands de faire parade de leur savoir ; ils comprennent, avec un tact délicat, que ce serait outrager, renier en quelque sorte cet art révéré, si pur et si sacré à leurs yeux ; que le souffle et le contact de la foule, en corrompraient certainement l'essence. L'Allemand garde donc ses extases musicales pour lui-même, ou il les confie tout au plus à ses familiers les plus intimes ; et alors il s'abandonne sans scrupule à ses émotions, il donne un libre cours aux pleurs que lui arrache la joie ou la douleur, et c'est là qu'il se montre artiste dans l'acception la plus complète du mot. Si les auditeurs font défaut, il y a là un piano ou quelques autres instruments pour recevoir ses confidences. On exécute un quatuor, un trio ou une sonate, suivant le nombre des assistants, ou bien on chante à quatre voix un *Lied* national. Survient-il quelqu'un, c'est un auxiliaire de plus, et l'on attaque alors une symphonie. Et c'est ainsi que le foyer domestique en Allemagne est le trépied permanent de la musique instrumentale. Mais il est évident que de pareils exercices ne sauraient être dignement appréciés que dans un cercle restreint d'amis, et non par le public en masse. Il faut être pénétré soi-même d'une rêverie douce et sévère pour éprouver ces ravissements profonds et sublimes dont cet art récompense ses prosélytes ; et cela n'adviendra jamais qu'à un musicien d'élite, et non aux oisifs du grand monde sans cesse affamés de jouissances factices ; car tous ces détails merveilleux et spirituels qu'admire un auditeur moins futile, passent inaperçus aux yeux du vulgaire, qui dédaigne, comme prétentieuses ou insignifiantes, des choses qui dérivent cependant des sources les plus pures de l'art.

Nous tâcherons une autre fois de démontrer comment tous les genres de musique en Allemagne reposent sur la même base.

J'ai dit, dans l'article précédent, d'où venait la préférence que les Allemands donnent au genre instrumental sur la musique vocale ; cela n'empêche pas que celle-ci n'ait reçu aussi ses développements, et, de même que l'autre, un caractère spécial que lui ont imprimé l'organisation naturelle de ce peuple et ses penchants intellectuels. Mais jamais pourtant, même dans le genre dramatique, le plus susceptible de perfection, elle n'a atteint le même degré d'élévation et d'éclat qui fait la gloire de sa rivale. C'est dans le genre sacré surtout que la musique vocale a fait ses preuves en Allemagne, et dans les églises protestantes, car le culte catholique est l'exception. L'opéra était devenu la proie du genre italien. Quant à la prédominance du protestantisme, elle s'explique encore par cette simplicité native des mœurs allemandes qui devaient bien moins sympathiser avec les cérémonies pompeuses de la liturgie catholique, qu'avec les modestes pratiques de la religion réformée. Les usages et l'apparat du culte catholique ont été importés en Allemagne parla vanité de quelques princes ou grands seigneurs, et là, les compositeurs allemands n'ont fait que reproduire plus ou moins les modèles du style italien. Mais au lieu de cette magnificence d'emprunt, le vieux choral accompagné par l'orgue et chanté par toute la communauté suffisait aux vieilles églises protestantes. Ces chants, dont l'imposante dignité et la pureté naïve s'alliaient si bien avec des cœurs droits et simples, sont vraiment un fruit naturel du génie allemand, et la facture du choral en porte le cachet distinctif. L'amour national du *Lied* s'y révèle en effet dans certaines strophes brèves et empreintes d'une extrême ressemblance avec d'autres chansons profanes, mais également consacrées à l'expression des sentiments nobles et touchants. Mais les harmonies riches et vigoureuses qui servent d'accompagnement à la mélodie populaire, témoignent surtout du sens profond qu'attachent les artistes allemands à la science musicale. C'est le *choral*, l'une des créations les plus intéressantes que présente l'histoire de l'art, qu'il faut regarder comme le type de toutes les productions musicales de l'église protestante, base solide sur laquelle la science a fondé une œuvre complète, et édifié un vaste et superbe monument.

Les motets furent le premier, le plus intime développement de la forme du choral. Souvent les mêmes airs en fournissaient les thèmes, et ils étaient exécutés en chœur sans aucun accompagnement. Les plus belles compositions de ce genre sont celles de Sébastien Bach, auquel on ne saurait refuser, du reste, la première place comme compositeur sacré, du moins pour la musique protestante. Les motets de ce maître, qui ont joué le rôle du choral dans l'office divin (avec cette différence qu'au lieu d'être chantés par la communauté, l'exécution en était confiée, à cause de leurs difficultés, à des artistes spéciaux), sont sans contredit l'œuvre la plus accomplie de musique vocale que nous possédions en Allemagne. Outre l'application merveilleuse des plus riches ressources de la théorie, toutes ces compositions respirent une intelligence profonde, naturelle et souvent poétique du texte, tout à fait conforme au dogme protestant. Et de plus, le tissu délicat de leur forme extérieure est tellement parfait et original, qu'on ne saurait rien mettre en parallèle. Les mêmes qualités se retrouvent au même degré, sur une échelle plus vaste, dans les grands oratorios et dans les *passions*, compositions spéciales consacrées à la célébration des souffrances de Jésus-Christ, d'après la version des évangiles. Le texte est donc invariable, mais dans certains passages des chapitres principaux, ayant trait aux circonstances les plus touchantes du récit sacré, Sébastien Bach fait intervenir une sorte de choral que doit exécuter toute l'assistance. C'est ce qui fait de ces passions de graves solennités, où le peuple prend autant de part que les interprètes de l'art musical. Il est difficile d'exprimer en effet tout ce que ces chefs-d'œuvre magnifiques renferment de grandeur et de majesté, alliées à une pureté, de goût, à une suavité religieuse incomparables. On peut dire qu'en eux sont concentrés toute l'inspiration et le génie allemands ; et j'ai déjà dit, à l'appui de cette assertion, qu'il ne fallait en rechercher la source que dans le moral et les sentiments de la nation.

C'est donc l'instinct populaire qui a été le créateur, en Allemagne, de la musique religieuse. La musique dramatique n'y a jamais provoqué des besoins du même genre. L'opéra, dès son origine sur les scènes d'Italie, avait déjà pris des allures si pompeuses et si mondaines, que cette forme de l'art ainsi dirigée ne pouvait plus devenir un motif de puissante attraction pour l'Allemand, pensif et sentimental. Avec le cortège de ses ballets et de ses décorations, ce spectacle grandiose paraissait exclusivement dévolu aux plaisirs des grands et des princes ; prévision confirmée par l'événement, du moins durant les premiers temps de son introduction en Allemagne. L'effet des démarcations aristocratiques devait donc exclure le drame lyrique des divertissements populaires ; aussi, pendant toute la durée du siècle dernier pour ainsi dire, l'opéra ne fut considéré en Allemagne que comme une importation étrangère. Chaque cour avait sa troupe de chanteurs italiens qui n'exécutaient que de la musique italienne, et l'on n'imaginait pas même qu'un opéra pût être écrit et chanté autrement qu'en italien. Ainsi, le compositeur allemand à qui il prenait fantaisie de faire un opéra, devait commencer par apprendre la langue, et puis se rendre familières la méthode et la facture italiennes, et il n'avait la chance de se faire accueillir qu'autant qu'il avait abjuré absolument l'art et le caractère national. Il arriva cependant fréquemment que la palme du genre fut décernée à des musiciens allemands, car leur aptitude universelle pour les beaux-arts leur frayait une route facile, même sur ce terrain étranger.

Il n'est pas superflu de faire remarquer cette disposition naturelle, qui initie si promptement le génie allemand aux créations homogènes des peuples voisins, et lui procure ainsi de nouveaux éléments d'études, un nouveau sol qu'il s'approprie en le fécondant, un nouvel horizon où d'une aile hardie et rapide il a bientôt franchi les limites, jusque-là respectées par ses devanciers comme le *nec plus ultra* de la spécialité. C'est en quelque sorte un trait caractéristique de l'art allemand que d'aller puiser aux sources étrangères, pour enrichir sa patrie de ce qui lui manque, en perfectionnant l'objet de ses emprunts, et le transformant de manière à en faire le point de mire de l'admiration du monde entier. Mais pour obtenir toutefois un pareil résultat, il ne suffisait pas de s'approprier par une adroite substitution les qualités d'une école étrangère, il fallait aussi avoir conservé comme un patrimoine sacré la tradition du génie patriotique, qui consiste ici dans la pureté du sentiment et la chasteté de l'inspiration. Grâce à un pareil trésor, l'Allemand, en quelque lieu où il se trouve, dans quelque langue qu'il s'exprime peut être sûr de conserver sa supériorité.

Nous voyons en effet que ce fut un Allemand qui perfectionna en Allemagne, ennoblit et agrandit l'opéra italien. Ce rare et divin génie, ce fut Mozart. L'histoire de la vie et des progrès de cet artiste incomparable résume en quelque sorte l'histoire de l'art allemand tout entier. Son père était musicien ; il reçut donc dès l'enfance une éducation musicale, qui, sans doute, n'avait d'autre but que de faire de lui un honnête virtuose capable de subvenir à sa propre existence par l'exercice de son talent. Dès son plus jeune âge, il fut assujetti à l'étude de la théorie scientifique et des difficultés de l'application, et l'adulte n'avait plus rien à apprendre à cet égard. Mais doué aussi d'une âme tendre et pieuse et d'une organisation délicate, il sut bientôt s'approprier les secrets intimes de l'art, jusqu'à ce qu'enfin son génie transcendant l'élevât sur un piédestal sacré, au-dessus de toutes les célébrités anciennes ou contemporaines. Resté toute sa vie pauvre et nécessiteux, et constamment rebelle aux tentations et aux avances de la fortune, il personnifie, surtout en lui, par ces qualités privées, le caractère national. Poussant la modestie jusqu'à la timidité, le désintéressement jusqu'à l'oubli de lui-même, il créa des œuvres prodigieuses, et légua à la postérité d'inestimables trésors, sans se croire un autre mérite que celui d'avoir obéi à son instinct de producteur. Quelle autre existence d'artiste pourrait nous offrir une plus digne leçon et un emblème plus touchant ?

Mozart accomplit cette œuvre avec la toute-puissance qui, je l'ai déjà dit, appartient en propre à la haute portée du génie allemand. Il s'empara si bien du genre de la musique italienne, qu'il s'y créa un domaine qui n'appartiendra jamais qu'à lui. Ses opéras furent écrits dans cette langue parce qu'elle passait alors pour la seule qui convînt à la déclamation lyrique ; mais il sut se garantir de tous les défauts inhérents à la méthode italienne, tandis qu'il ennoblit toutes ses qualités en les fondant si habilement avec la délicatesse et l'énergie du style allemand, qu'il produisit enfin quelque chose d'absolument neuf, et fait pour servir de modèle. Ce fut aussi le plus beau fleuron, l'épi le plus fertile de notre couronne dramatique ; et c'est à cela que l'Allemagne doit de pouvoir citer son école indigène de musique dramatique, car c'est seulement à dater de là que s'ouvrirent nos théâtres nationaux, et que nos musiciens composèrent des opéras sur des paroles allemandes.

Toutefois, avant l'avènement de cette époque mémorable,, pendant que Mozart et ses prédécesseurs empruntaient aux modèles italiens des inspirations nouvelles, il se formait une autre école de drame lyrique populaire dont la combinaison définitive avec le genre italien produisit le véritable opéra allemand. Je veux parler des ' *opérettes* exécutées pour les masses, sans la participation de la classe aristocratique, et conformes à leurs mœurs simples et franches. Ces opérettes ont évidemment plus d'un point de rapport avec l'ancien *opéra-comique* français. Le sujet appartenait ordinairement aux traditions et aux mœurs des classes inférieures ; ils étaient du genre comique pour la plupart, et animés d'un esprit naturel et sans recherche. C'est à Vienne qu'il faut placer le foyer originel de ce genre de spectacle ; du reste, c'est à Vienne que s'est le mieux conservé de tout temps le vrai caractère populaire, privilège que cette ville doit sans doute à l'esprit de naïveté et de gaieté de ses habitants ; car ceux-ci ont toujours été séduits avant tout par le côté comique des choses et par les traits naturels qui s'alliaient avec leur imagination enjouée. C'est donc Vienne qui a le plus encouragé les débuts de l'opéra populaire. D'abord les compositeurs de ces petits opéras se bornaient à des *lieder* et à des ariettes détachées ; mais on y trouve pourtant quelquefois, comme dans la charmante comédie du *Barbier de village*, des morceaux caractéristiques tout à fait propres à donner plus tard une importance réelle à ce genre spécial sacrifié presque absolument à l'envahissement du grand opéra. Avant cette commune fusion il était déjà parvenu pourtant à un certain degré d'éclat ; et une chose digne de remarque, c'est qu'à la même époque où Mozart traduisait ses opéras italiens en allemand pour les dédier à ses compatriotes, ces opérettes acquéraient de jour en jour une forme plus attrayante, due en partie au soin que prenaient les auteurs de choisir leurs sujets dans les traditions populaires, et dans les contes de fée si affectionnés par la rêverie allemande.

Enfin, le coup décisif fut porté, et le fut par Mozart, qui, à l'appui de cette direction imprimée aux opérettes nationales, composa le premier grand opéra allemand, la *Flûte enchantée*. On ne saurait porter trop haut l'influence de cet ouvrage qui ouvrit la carrière jusqu'alors interdite pour ainsi dire aux compositeurs allemands. L'auteur du libretto, directeur-gérant d'un théâtre de Vienne, n'avait rien de plus en vue que de donner une grande opérette, et cela mettait déjà l'œuvre sous la puissante recommandation de l'intérêt populaire. Le fond était emprunté à un conte fantastique et réunissait des détails comiques à des scènes de féerie et à des apparitions merveilleuses. Mais quelle merveille plus grande Mozart a su produire sur cette donnée aventureuse ! Quelle magie divine lui a soufflé ses inspirations, depuis le Lied plébéien jusqu'à l'hymne le plus sublime ! Quelle variété, quelle richesse, quel sentiment! C'est la quintessence de l'art, le parfum concentré des fleurs les plus belles et les plus diverses. Comme chaque mélodie, depuis la plus simple jusqu'à la plus grandiose, est empreinte d'aisance et de noblesse tout à la fois ! On pourrait regretter, pour ainsi dire, ce pas de géant excessif du génie musical, qui, tout en créant l'opéra allemand, en posa aussi les dernières limites et improvisa le chef-d'œuvre du genre avec une perfection qui ne devait plus être dépassée, qui pouvait à peine être égalée. L'opéra allemand est aujourd'hui en vigueur, il est vrai, mais il dégénère et recule, hélas ! vers sa décadence non moins rapidement qu'il avait atteint son apogée avec le chef-d'œuvre de Mozart.

Winter et Weigl doivent être regardés comme les imitateurs les plus directs de ce grand maître. Tous les deux ont été surtout fidèles à cette direction populaire qu'il avait imprimée à l'opéra allemand, et le second, dans sa *Famille suisse*, ainsi que le premier dans le *Sacrifice interrompu*, ont prouvé quel prix attachaient à leur noble tâche de vrais musiciens allemands. Mais ce mérite principal s'amoindrit et disparut peu à peu chez leurs successeurs, preuve sensible du peu d'avenir réservé à l'opéra allemand en général. Ses rythmes et ses mélismes populaires dégénérèrent, entre les mains de ces froids imitateurs, en lieux communs vulgaires et insignifiants ; et leur manque de goût dans le choix de leurs sujets dramatiques démontra mieux encore leur peu d'aptitude à soutenir la gloire du genre national.

Cependant ce genre spécial eut un nouveau moment d'éclat, à l'époque où le puissant génie de Beethoven inaugurait le règne du romantisme dans le monde musical. Alors la musique dramatique fut illuminée d'un rayon de la même inspiration magique, et ce fut Weber qui vint la ranimer de son souffle créateur. Dans le plus populaire de ses drames, le *Freyschütz*, il sut une fois encore profondément émouvoir le cœur de ses compatriotes ; le sujet féerique de cette composition dut surtout contribuer à

aider le poète et le musicien dans la réalisation de leur tâche, car il invoquait pour ainsi dire les mélodies simples et touchantes du lied ancien, et l'ensemble pouvait se comparer à une ballade romanesque et sentimentale, pourvue de toutes les conditions pour toucher l'âme et l'esprit du poétique Allemand. Et, effectivement, le *Freyschütz* aussi bien que la *Flûte enchantée* de Mozart sont la preuve incontestable du caractère exclusif que la nation eût attribué au genre de l'opéra, indépendamment de toute influence étrangère, mais sous la réserve, il est vrai, de certaines limites infranchissables. Car Weber lui-même, lorsqu'il tenta de les dépasser dans l'opéra d'*Euryanthe*, malgré les beautés incontestables de cet ouvrage, n'atteignit pas évidemment le but supérieur qu'il s'était proposé ; sa force fut au-dessous des violentes passions dont il avait à peindre la lutte dans une sphère plus élevée. Intimidé par la hauteur de sa nouvelle tâche, il substitua à la peinture franche et hardie qu'exigeait son cadre des esquisses incomplètes et mesquines de caractères partiels, ce qui lui ravit le charme du naturel et rendit son travail lourd et diffus. Weber dut s'apercevoir lui-même de ce changement défavorable, et ce fut avec un tendre remords, pour ainsi dire, qu'il revint, dans *Obéron*, aux inspirations primitives de la muse si chaste de ses belles années.
Après Weber, Spohr essaya aussi de conquérir le sceptre de la scène allemande, mais jamais il ne put arriver à la popularité de son rival. Ses compositions étaient trop dépourvues de cette vitalité dramatique qui doit tout échauffer, tout féconder autour d'elle, à l'instar du soleil dans la nature. Néanmoins, les œuvres de Spohr ont, sans contredit, un caractère éminemment national, car elles remuent souvent les cordes les plus sensibles de l'âme ; mais elles manquent absolument de ce contraste d'une certaine gaieté naïve, si séduisant dans les œuvres de

Weber, et sans lequel toute œuvre dramatique devient monotone et insignifiante.

Marschner doit être regardé comme le continuateur le plus fidèle de ces deux maîtres. Il s'inspira aux mêmes sources que Weber et Spohr, et conquit en peu de temps une renommée assez active ; mais, malgré l'étendue de ses facultés, ce n'était pas un talent assez robuste pour soutenir et vivifier le véritable opéra allemand, remis en honneur par les chefs-d'œuvre de ses prédécesseurs. Enfin, l'imitation des ouvrages de la nouvelle école française fit bientôt une irruption si rapide en Allemagne, et s'empara tellement de la faveur générale, que ce fut le coup de grâce pour nos opéras nationaux dont le genre est à présent tout à fait aboli. Il faut pourtant nous résoudre à entrer dans certains développements au sujet de cette dernière période, en raison de l'influence qu'elle a exercée, et parce qu'on peut déjà prévoir que le génie allemand doit travailler à se rendre le maître de ce nouveau mode comme il a réussi à le devenir des précédents.

Cette révolution n'a vraiment commencé en Allemagne qu'à l'apparition de Rossini, dont *le style si brillant*, avec tout le génie qu'il fallait pour opérer une pareille réforme, fit prendre en pitié les derniers vestiges de l'ancienne école italienne, qui n'avait plus, il est vrai, pour elle qu'un reste de formes décrépites. Ses chants, si pleins d'esprit, de gaieté et de morbidesse, se propagèrent partout, et l'école française vint encore à l'appui de cette transformation musicale, en alliant toute cette fraîcheur, cette légèreté, cette richesse de formes à son mérite indépendant et réel. Le genre rossinien gagna beaucoup à se combiner ainsi avec les qualités positives d'un style arrêté, et les artistes français produisirent dans cette direction des ouvrages dignes d'une admiration sans réserve, miroir fidèle en tout temps des éminentes qualités du caractère national. C'est ainsi que l'aimable esprit chevaleresque de l'ancienne France semble avoir inspiré à Boïeldieu sa délicieuse musique de *Jean de Paris*, car la vivacité et la grâce naturelle de l'esprit français sont empreintes surtout dans le genre de l'opéra-comique. Mais le point culminant du génie musical en France est sans contredit *la Muette de Portici*, d'Auber, une de ces œuvres nationales dans toute l'étendue du mot, et dont chaque nation ne peut guère montrer qu'un ou deux exemples. L'impétuosité du drame, cette mer de passions et de sentiments, peinte des plus brillantes couleurs et peuplée de mélodies pleines d'originalité, de grâce et d'énergie, tout cela n'est-il pas la reproduction idéale et vivante des annales les plus récentes de la nation française ? et quel autre qu'un Français eût pu entreprendre et parachever une œuvre semblable ? On ne saurait disconvenir que cet admirable opéra a mis le comble à la gloire de l'art musical français, et l'a signalé comme un digne exemple à tout le monde civilisé. Pourquoi donc s'étonnerait-on que l'Allemand, doué surtout d'impartialité et si facile à émouvoir, ait reconnu avec un sincère enthousiasme ces progrès artistiques d'un peuple voisin ?

En effet, l'Allemand juge avec moins de prévention que personne, et d'ailleurs ces productions nouvelles répondirent, à leur apparition, à un besoin incontestable. Car il n'est que trop avéré, que la musique dramatique, avec ses plus larges développements, ne saurait prospérer par elle-même en Allemagne, et cela par les mêmes raisons qui s'opposent à la perfection du drame et de la comédie. En revanche, les Allemands, je le répète, semblent avoir le privilège de s'approprier les créations de l'art étranger pour les perfectionner, les ennoblir et en généraliser l'influence. Haendel et Gluck l'ont prouvé surabondamment, et de nos jours un autre Allemand, Meyerbeer, nous en offre un nouvel exemple.

Arrivé au point d'une perfection complète et absolue, le système français n'avait plus, en effet, d'autres progrès à espérer que de se voir généralement adopté et de se perpétuer au même degré de splendeur; mais c'était aussi la tâche la plus difficile à accomplir. Or, pour qu'un Allemand en ait tenté l'épreuve et obtenu la gloire, il fallait sans contredit qu'il fût doué de cette bonne foi désintéressée, qui prévaut tellement chez ses compatriotes, qu'ils n'ont pas hésité à sacrifier leur propre scène lyrique pour admettre et cultiver un genre étranger, plus riche d'avenir et qui s'adresse plus directement aux sympathies universelles. En serait-il autrement quand la raison aurait anéanti la barrière des préjugés qui séparent les différents peuples, et quand tous les habitants du globe seraient d'accord pour ne plus parler qu'une seule et même langue ?

On peut donc avancer qu'en fait de musique dramatique, l'Allemand et le Français n'en ont qu'une, que les productions aient vu le jour dans l'un ou l'autre pays, ce qui est plutôt une question de lieu qu'une différence fondamentale. De cette intime union entre les deux nations et de l'échange habituel de leurs talents les plus distingués, il est résulté pour l'art en général une double inspiration et une fécondité magnifique, dont nous avons déjà d'éclatants témoignages. Il nous reste à souhaiter que cette noble alliance se consolide de plus en plus ; car où trouver deux peuples, deux pays, dont l'accord et la fraternité puissent présager à l'art des destinées plus brillantes, si ce n'est l'Allemagne et la France ?

Du métier de virtuose

Fantaisie esthétique d'un musicien.
D'après une vieille légende, il existe quelque part un joyau inestimable dont l'éclat rayonnant procure soudain à l'heureux mortel qui peut fixer son regard sur lui, toutes les lumières de l'intelligence et les joies intimes d'une conscience satisfaite ; mais ce miraculeux trésor est depuis bien des siècles enfoui dans un abîme profond. Au dire de la chronique, il y eut jadis des hommes favorisés par le destin, et dont l'œil, doué d'un pouvoir surnaturel, pénétrait la masse de ruines et de décombres où gisaient l'un sur l'autre entassés des portiques, des colonnades, et mille autres débris informes de gigantesques palais. C'est du sein de ce chaos que le bijou fantastique les éblouit de sa prodigieuse clarté et remplit leurs cœurs d'une extase céleste. Ils furent saisis alors d'un grand désir de soulever cet immense amas de ruines pour rendre manifeste à tous les yeux la splendeur du joyau magique qui devait faire pâlir jusqu'aux rayons du soleil, et qui servirait non seulement à réchauffer nos organes corporels, mais encore à vivifier les fibres les plus délicates de l'âme. Mais tous leurs efforts furent vains ; ils ne purent ébranler la masse inerte sous laquelle était enseveli le précieux talisman.
Les siècles s'accumulèrent ; quelques esprits sublimes reflétèrent, depuis, sur le monde, les rayons lumineux que la vue du trésor lointain leur avait communiqués, mais jamais personne n'approcha du profond sanctuaire qui recelait la pierre miraculeuse. On eut l'idée d'ouvrir des mines et des conduits souterrains qui pussent, avec les procédés de l'art, faciliter la recherche du bijou mystérieux. On exécuta des travaux et des excavations admirables ; mais on poussa si loin les précautions et l'artifice, on creusa tant de galeries transversales, on ouvrit

tant de mines accessoires, que, par la suite des temps, la confusion s'établit entre toutes ces voies divergentes, et l'on perdit définitivement, dans ce labyrinthe, le secret de la direction propice

Tout cet immense travail était donc devenu inutile ; on y renonça. Les mines furent abandonnées, et déjà leurs voûtes menaçaient de s'écrouler de toutes parts, quand survint un pauvre mineur qui, selon la chronique, était né à Salzbourg. Celui-ci examina attentivement l'œuvre grandiose de ses devanciers, et suivit avec une curiosité mêlée d'admiration les détours compliqués de ces tranchées innombrables. Tout à coup il sentit son cœur ému d'une sensation pleine de volupté, et il aperçut à une faible distance le joyau magique qui l'inondait de sa radieuse clarté. Il embrassa alors d'un coup d'œil rapide et simultanément l'ensemble du labyrinthe. Le talisman lumineux traçait devant lui la route tant désirée, et comme entraîné sur un rayon de flamme, le pauvre mineur parvint au fond de l'abîme jusqu'auprès de l'éblouissant trésor. En même temps, une émanation miraculeuse inonda la terre d'une splendeur fugitive, et fit tressaillir tous les cœurs d'une joie ineffable ; mais personne ne revit plus jamais le mineur de Salzbourg.

Ce fut un autre mineur de Bonn qui conçut le premier pressentiment de cette précieuse découverte ; il se tenait à l'entrée de la mine, et il ne tarda pas à distinguer à son tour le chemin privilégié du trésor ; mais les ardents rayons projetés par celui-ci vinrent frapper sa vue si subitement qu'il en devint aveugle. Tous ses sens furent paralysés à l'aspect d'un océan de flammes crépitantes, et, saisi de vertige, il se précipita dans l'abîme où sa chute provoqua une ruine générale, et où retentit l'épouvantable fracas des voûtes écroulées et des piliers démolis.

Et l'on n'entendit plus jamais parler du mineur de Bonn.

Ici se termine la légende, comme toutes les légendes de mineurs, par une catastrophe irréparable. On montre encore la place des anciennes excavations, et, dans ces derniers temps, on s'est occupé de déblayer plusieurs puits dans le but de retrouver et de recueillir les cadavres des deux pauvres mineurs. Les travaux sont poussés avec activité, et chaque passant emporte un fragment de ce déblai en échange d'une menue monnaie, parce que c'est une affaire d'amour-propre que de paraître avoir participé à cette pieuse réparation. Parfois, dit-on, l'on rencontre encore des filons étincelants que l'on transforme par la fusion en beaux ducats d'or ; mais quant aux deux mineurs et au joyau magique, il y a longtemps que personne n'y pense plus.

Je ne saurais dire avec quelque certitude si cette légende est de pure invention ou basée sur quelque fait réel ; mais elle mérite en tout cas d'être mentionnée par les applications dont cette allégorie est susceptible, car le talisman mystérieux peut être regardé comme l'emblème du secret magique, idéal, de l'art musical. Sur cette seule donnée, il serait facile de découvrir une assimilation à la mine et aux décombres. En effet, celui qu'inspire le génie de la musique et qui éprouve le besoin de traduire en notes ses pensées intimes, rencontrera d'abord l'amoncellement des ruines, et parviendra peut-être ensuite dans la mine, régulièrement creusée par l'art ; mais combien peu pénétreront jusqu'à la crypte profonde où repose la divine essence ? Le nouvel adepte se heurtera d'abord contre l'épaisse muraille élevée par la vanité, l'ignorance et la routine, comme un rempart défendant l'approche du tabernacle sacré. Cette masse lourde et compacte effraie le regard le moins timide, et souvent on a peine à se persuader que ce n'est qu'une enveloppe trompeuse qui dérobe à l'œil le secret du beau et du vrai. Examinons de plus près les causes de cette étrange méprise.

Toute composition musicale a besoin, pour être jugée, d'être exécutée ; l'exécution est donc une partie importante de l'art musical, et pour ainsi dire sa condition de vitalité la plus essentielle. Sa première règle doit être, en conséquence, de traduire avec une fidélité scrupuleuse les intentions du compositeur, afin de transmettre aux sens l'inspiration de la pensée sans altération ni déchet. Le plus grand mérite du virtuose consiste donc à se pénétrer parfaitement de l'idée musicale du morceau qu'il exécute, et à n'y introduire aucune modification de son cru. C'est-à-dire qu'il n'y a vraiment d'exécution parfaite que celle dont se charge le compositeur lui-même, et nul n'en approchera davantage que l'individu doué tout à la fois de la faculté créatrice et d'une organisation assez souple pour s'assimiler en quelque façon la pensée d'autrui. Restent après cela les artistes qui, sans prétendre au talent de l'invention, n'ont rien à sacrifier pour saisir et pour rendre telle qu'elle se comporte une inspiration étrangère ; car, en fait d'exécution musicale, il faudrait à la rigueur que ni les défauts ni les qualités de l'exécutant ne pussent influencer l'auditeur, et que le mérite seul de la composition maîtrisât toute son attention ; d'où cette conséquence rigoureuse qu'il faut ou bien dénier toute importance à l'exécution musicale, ou bien lui en attribuer une tellement exagérée, qu'on la mettrait au niveau de la conception, à la manifestation de laquelle son concours est indispensable.

Or, il est difficile de décider s'il faut s'en prendre au goût superficiel du public, ou bien à la vanité des virtuoses, de cette habitude contractée avec le temps de traiter l'exécution musicale comme une chose absolument indépendante du fond auquel elle s'appliquait. Mais il est certain, qu'en général le public n'a pas témoigné d'un sens

critique assez profond pour apprécier à leur juste valeur les œuvres musicales à la portée de leur idée fondamentale. Il arriva ainsi que maintes fois le rôle secondaire de l'exécution fut confondu avec la fonction créatrice de la pensée, qu'on alla jusqu'à méconnaître tout à fait. De leur côté, les artistes exécutants méritent le grave reproche d'avoir abusé de cette propension vicieuse, et d'avoir trop souvent mis tout en œuvre pour substituer à la pensée dont ils se faisaient les interprètes, leur propre individualité. Cette injuste prédominance accordée au virtuose sur l'auteur de la composition, eut pour conséquence directe de faire admettre qu'en général celui-là devait largement user du droit de modifier à son gré le texte auquel il voulait bien prêter l'éclat de la publicité. L'exemple fut donné par le premier virtuose qui eut la fantaisie de surexciter l'attention et la sympathie de ses auditeurs, en mettant exclusivement en relief ses qualités personnelles. L'effet inévitable d'une semblable méthode fut donc que les ouvrages des maîtres furent tous plus ou moins défigurés, suivant que les exécutants étaient doués d'un talent réel, ou simplement d'une certaine habileté machinale.
Telle fut l'origine d'une tradition si fatale à l'art musical. C'est de cette époque que datent les virtuoses à réputation. Ceux-ci, moins pour obviera cette altération déplorable des ouvrages, produit d'une libre inspiration, que pour avoir encore plus d'occasions de faire briller leurs avantages, imposent aux musiciens un nouveau genre de compositions, à savoir celui de morceaux concertants. La condition première de leur facture consistait dans le sacrifice de toute idée artistique et indépendante, et dans un asservissement perpétuel à telle ou telle qualité d'organe ou de doigté propre à chaque exécutant. L'essentiel était d'omettre, d'annuler tout effet musical capable de maîtriser le virtuose malgré lui ou de le rejeter

momentanément sur le second plan. Plus le public prit goût aux jouissances superficielles attachées à ce mode d'exécution, plus les compositions de cette nature devinrent insipides et dépourvues de caractère. Toutefois, ce fut pour ainsi dire un bonheur pour l'art que les virtuoses s'adonnassent ainsi à un genre spécialement fait pour eux, car ce fut autant de gagné pour les saines productions de l'art, soustraites par leur propre mérite à de semblables mutilations. Mais l'abus dépassa bientôt ses premières limites, la *virtuosité* devint de plus en plus envahissante, et toute composition musicale dut se résigner, pour avoir sa part des suffrages publics, à servir d'instrument et de prétexte aux expériences capricieuses des exécutants.

Dans quelle situation singulière, en effet, n'est pas tombé aujourd'hui l'art musical : le but véritable a été sacrifié à l'accessoire, ou plutôt c'est l'accessoire qui est devenu le principal but. Ce serait déjà une triste nécessité que l'obligation imposée aux compositeurs d'arranger leurs ouvrages dans l'intérêt de telle ou telle qualité spéciale de l'exécutant, mais on est allé bien plus loin. Le musicien qui veut, aujourd'hui, conquérir la sympathie des masses, est forcé de prendre pour point de départ cet amour-propre intraitable des virtuoses, et de concilier avec une pareille servitude les miracles qu'on attend de son génie. À la vérité, il faut rendre cette justice à l'époque actuelle, qu'elle a produit des artistes qui ont su, en dépit de cette obsession préjudiciable, donner à leur talent un développement idéal et grandiose. Le résultat de leurs efforts a même été de purifier et d'ennoblir la fonction du virtuose. Plusieurs de ceux-ci, en petit nombre il est vrai, et grâce à leur organisation d'élite ont touché aux sommités de l'art, principalement dans le genre instrumental ; mais encore ont-ils dû, pour asseoir et soutenir leur réputation, se résigner à capituler avec leur conscience et à sacrifier maintes fois à la mode la pureté de leur goût.

C'est surtout dans l'exercice de la profession du chant que l'abus que nous signalons a pris un empire pernicieux. Depuis longtemps on est convenu de considérer les chanteurs italiens comme le modèle absolu du genre ; c'est donc sur eux que porteront principalement nos remarques critiques. Les Italiens sont habitués à s'exercer exclusivement dans la musique dramatique, et, selon nous, il serait bien préférable qu'ils donnassent carrière à leurs talents à la manière des virtuoses instrumentistes et sur l'estrade tapissée de nos salles de concerts ; car tout ce qui constitue le matériel d'un opéra, c'est-à-dire les chœurs, l'orchestre, les décors, l'action, tout cela est pour ainsi dire non avenu avec les artistes italiens. Bref, ils sont parvenus à réduire les représentations dramatiques à de simples exhibitions musicales, et à asservir les compositeurs à leurs caprices les plus étranges, et ceux d'entre ces derniers qui jouissent aujourd'hui de quelque renommée, la doivent par-dessus tout à l'excès de leur complaisance et à leur servilité pour leurs ténors ou leurs *prime donne.*

Il y a sans doute dans la manière italienne une séduction particulière, et celui qui a entendu les premiers sujets du Théâtre- Italien de Paris se rend aisément compte de cette prédominance usurpée par l'exécution sur la composition elle-même ; mais le plus grand malheur dans un pareil état de choses, c'est que ces artistes merveilleux sont les seuls au monde, et ne sauraient être remplacés d'aucune manière. Mais cela n'empêche pas que la fascination exercée par le succès de leur méthode fait de jour en jour plus de progrès, de telle sorte que le dommage qui en résulte ne laisse vraiment point de compensation à espérer, quelle que soit l'étendue de leur triomphe. Et la gravité de ce dommage est dans l'application du chant italien au genre de l'opéra, car nul ne songerait à contester la valeur de leur talent de virtuoses, s'ils n'exerçaient celui-ci que sur une scène appropriée et dans de justes limites. Mais ils ont annulé au théâtre tout intérêt dramatique, et ils ont persuadé à la majorité du public cette funeste illusion, que leur système satisfait suffisamment aux exigences de la musique dramatique. En effet, les chefs d'emploi de l'école italienne ne se dissimulent pas l'importance de l'action théâtrale, et leur talent incontestable leur a révélé bien des fois le secret de l'émotion dramatique, dans la déclamation de certains morceaux passionnés de leurs rôles, malgré leurs efforts pour réduire ceux-ci aux proportions d'un programme de concert. Il arrive souvent que telle scène ou tel duo de leurs opéras soit connu du public avant la représentation scénique. On y a remarqué des traits admirables de vocalisation et d'effet musical, mais rien de ce qui touche à la passion et au mouvement du drame. Et quelle surprise n'éprouve-t-on pas en entendant ces jolis caprices exécutés par un premier sujet, qui leur fait subir une complète métamorphose, et féconde pour ainsi dire le néant ? Tel est le secret de la perdition de la musique italienne. Car non seulement les compositeurs se croient dispensés d'inventer des thèmes caractéristiques ; mais c'est, je le répète, une obligation absolue pour eux que de s'effacer constamment, pour laisser tout le mérite de la "création à ces virtuoses de premier ordre. Ainsi l'emploi du chanteur n'est plus de rendre et de traduire les conceptions originales du compositeur, mais de donner carrière à sa propre imagination au gré de sa fantaisie.

Ce qu'il y a d'abusif et de pernicieux dans cet échange de rôles saute bien vite aux yeux, et l'on en déplore surtout les tristes résultats, quand ces mêmes virtuoses entreprennent d'exécuter une œuvre consciencieuse et réellement indépendante. Ainsi, qu'on se rappelle l'exécution de *Don*

Giovanni, et l'on sera convaincu de la réalité des griefs que nous venons d'exposer. Comparez les résultat? obtenus par ces grands chanteurs luttant contre cet immortel chef-d'œuvre avec l'effet qu'ils produisent dans leur répertoire habituel. Quel prodigieux assemblage de bévues ! Comment donc se fait-il que ces artistes si entraînants dans les opéras de Rossini, de Bellini, et même de Donizetti, au point même de nous y faire supposer des traits de génie et des intentions dramatiques là où jamais il n'en a existé, comment ces artistes si habiles, dis-je, sont-ils parvenus à rendre le merveilleux opéra de Mozart ennuyeux ? Comment leur inspiration, d'ordinaire si chaleureuse, a-t-elle été, en cette occasion, frappée de tant d'impuissance, que leur triste allure à travers ces prodiges d'harmonie les fait ressembler à des oiseaux privés d'air, ou à des poissons ravis à leur liquide élément ? C'est qu'en effet ni l'air ni l'eau n'abondent dans *Don Juan,* tout plein d'un bout à l'autre de ce feu sacré allumé au joyau magique de notre légende.

Ou bien est-ce qu'en effet *Don Juan* ne serait qu'une production pâle et médiocre, et ses mélodies seraient-elles donc trop simples pour inspirer la verve des exécutants ? Oh ! non, certes ! et ces fameux virtuoses, pris isolément, sont les premiers à réfuter, par leur exemple, une accusation aussi injuste. Ainsi l'admirable Lablache ne sait- il pas donner à son rôle d'un bout à l'autre, et sans la moindre altération égoïste, un caractère vraiment idéal ? Ses collègues, à la vérité, sont loin de se montrer comme lui à la hauteur de leur tâche, car, habitués comme ils sont à voir leur moindre fioriture saluée par les bravos d'un public frénétique, c'est pour eux un triste contraste que l'accueil plein de froideur, qui répond aux efforts si louables de Lablache.

Nous touchons au point critique qui met en relief tous les effets déplorables de ce système qui donne le pas aux virtuoses d'opéra sur le compositeur. Mais si cet abus a pris tant d'extension et cause tant de scandale dans une troupe d'artistes aussi distingués, qu'on juge de ce qu'il doit produire parmi ces virtuoses vulgaires et de bas étage qui pullulent en tous lieux ! Cependant avec des chanteurs comme ceux du Théâtre-Italien, peut-être pourrait-on, par une exception unique, et en raison de la rare perfection de leur talent, pardonner à ce vice d'exécution qui n'en est un que relativement aux textes d'une beauté suprême, et même en adopter le résultat comme un genre d'une nouvelle espèce. Car ce serait une erreur grave que de dénier aussi à l'art du chanteur son indépendance propre et la faculté de créer dans de certaines limites. Il est certain que sous le rapport du mécanisme organique, la portée et les résultats de la voix humaine peuvent être calculés et définis d'une manière précise, mais en la considérant comme un élément spirituel, et dans le ressort des émotions de l'âme, il est difficile d'établir des règles et des démarcations rigoureuses. Il est donc indispensable de laisser à l'exécutant, surtout en matière de musique vocale, une certaine indépendance personnelle ; et le compositeur qui se refuserait à une concession semblable tomberait dans l'abus, à son tour, en comprimant le noble essor de l'artiste et le réduisant au rôle servile d'un éplucheur de notes. Ce dernier défaut, soit dit en passant, est fort commun chez les compositeurs allemands. Ils méconnaissent trop cette part d'indépendance qu'il est juste de réserver aux chanteurs. Ils les tourmentent par leurs restrictions et leur rigidité de telle sorte que, très rarement, l'exécution de leurs œuvres répond aux pressentiments de leur imagination.

Sans contredit le musicien qui, en composant son œuvre, sait qu'elle doit être exécutée par un chanteur en renom, a bien le droit d'écrire tel ou tel morceau de manière à faire briller les qualités prédominantes du virtuose, puisque nous voyons une réunion de gens de talent, même en sacrifiant absolument les intentions de la composition, produire un effet qui ne manque ni de pittoresque ni de séduction. Mais, nous le répétons, un pareil système ne peut réussir que dans de rares exceptions, et alors même, les véritables amis de l'art regretteront toujours que l'attrait de l'exécution ne soit pas dû à une plus noble cause.

Le dommage principal résultant de l'empiétement du métier de virtuose sur la composition est surtout, comme nous l'avons déjà dit, déplorable en ce qu'il a envahi tous les genres de musique sans exception. Et rien n'est plus affligeant que de le voir régner même dans l'école de l'opéra français, qui se distinguait tellement par son caractère tranché d'indépendance. Les musiciens français ne subissent pas moins l'obligation d'accoupler à des scènes vraiment dramatiques des parties superflues uniquement destinées à faire briller le chanteur au détriment de la vérité théâtrale. Toutefois, il faut leur rendre cette justice qu'ils témoignent presque toujours d'un goût profond et d'un tact merveilleux, en ménageant autant que possible les conventions scéniques, et en intercalant, pour ainsi dire, en dehors du drame, comme de purs accessoires, ces concessions faites à la mode dominante. C'est une sorte de capitulation polie avec les exigences dépravées du public de nos jours, et à ce titre, elle n'offrirait sans doute qu'un faible inconvénient, s'il n'était à craindre que la préférence marquée des auditeurs pour ce genre de futilités n'exagérât de plus en plus la vanité des virtuoses, et n'entraînât, par la suite, les compositeurs, de concession en concession, à trahir irréparablement les plus sacrés intérêts de l'art. Puissent-ils avoir sans cesse présent à leur souvenir l'exemple de Gluck, leur illustre prédécesseur, et se modeler sur la courageuse persévérance avec laquelle il prouva aux Piccinistes qu'il savait lutter et triompher de ses adversaires sans composer lâchement avec leurs prétentions.

Un musicien étranger à Paris

Nous venons de le mettre en terre ! Le temps était sombre et glacial, et nous n'étions qu'en bien petit nombre. L'Anglais était encore là ; il veut maintenant lui élever un monument. — Il aurait bien mieux fait de lui payer ses dettes !

C'était une triste cérémonie. Notre respiration était gênée par un de ces vents aigres qui signalent le commencement de l'hiver. Personne, parmi nous, n'a pu parler, et il y a eu absence totale d'oraison funèbre. Pourtant, vous n'en devez pas moins connaître celui à qui nous venons de rendre les derniers devoirs : c'était un homme excellent, un digne musicien, né dans une petite ville de l'Allemagne, mort à Paris, où il a bien souffert. Doué d'une grande tendresse de cœur, ii ne manquait pas de se prendre à pleurer toutes les fois qu'il voyait maltraiter les malheureux chevaux dans les rues de Paris. Naturellement doux, il supportait sans colère de se trouver dépossédé par les gamins de sa part des trottoirs si étroits de la capitale. Malheureusement, il joignait à tout cela une conscience d'artiste d'une scrupuleuse délicatesse ; il était ambitieux sans aucun talent pour l'intrigue ; de plus, dans sa jeunesse, il lui avait été donné de voir une fois Beethoven, et cet excès de bonheur lui avait tourné la tête de telle sorte qu'il ne put jamais se retrouver dans son assiette pendant son séjour à Paris.

Un jour, il y a de cela plus d'un an, je me promenais au Palais-Royal, lorsque j'aperçus un magnifique chien de Terre-Neuve se baignant dans le bassin. Amateur de chiens comme je le suis, je ne pus refuser mon admiration à ce bel animal qui sortit de l'eau, et obéit à l'appel d'un homme auquel je ne fis d'abord nulle attention, et sur lequel mes regards ne s'arrêtèrent que parce que je vis en lui le propriétaire de ce chien d'une si merveilleuse beauté. Il s'en fallait de beaucoup que cet homme fût aussi beau que son compagnon quadrupède. Il était vêtu proprement, mais Dieu sait à la mode de quelle province pouvait appartenir sa toilette. Cependant, ses traits ne laissaient pas d'éveiller en moi je ne sais quel vague souvenir ; peu à peu j'en vins à me les rappeler d'une manière de plus en plus distincte, et enfin, oubliant l'intérêt que le chien venait de m'inspirer, je me précipitai dans les bras de mon ami R.... Nous fûmes l'un et l'autre enchantés de nous revoir. Il faillit s'évanouir d'attendrissement. Je le menai au café de la Rotonde. — Je pris du thé mêlé de rhum, et lui demanda du café, qu'il but les yeux tout humides de larmes.

— Mais, au nom du ciel, lui dis-je, quel motif peut t'amener à Paris ? qui peut t'avoir fait quitter, à toi, modeste musicien, ta province allemande et ton cinquième étage ?

— Mon ami, me répondit-il, ai-je été poussé à une telle démarche par la passion aérienne d'éprouver la vie qu'on mène dans Paris, à un sixième étage, ou bien par le désir plus mondain d'essayer s'il ne me serait possible de descendre au second ou même au premier, c'est un point sur lequel je ne suis pas encore bien fixé moi-même. Avant tout, j'ai cédé à un irrésistible besoin de m'arracher aux misères des provinces allemandes, et sans vouloir tàter de nos capitales, villes grandioses, sans aucun doute, je me suis rendu tout d'abord dans la capitale du monde, dans ce centre commun où vient aboutir l'art de toutes les nations, où les artistes de tous pays rencontrent la juste considération qui leur est due, et où moi-même j'espère trouver moyen de faire germer enfin le grain d'ambition que le ciel m'a mis au cœur.

— Ton ambition est bien naturelle, lui répliquai-je, et je te la pardonne, quoique, à vrai dire, elle doive m'étonner en toi. Mais d'abord, explique-moi par quels moyens tu prétends te soutenir dans cette nouvelle carrière. Combien as-tu à dépenser par an ? Voyons, ne t'effarouche pas ainsi ; je sais bien que tu n'étais qu'un pauvre diable, et que, par conséquent, il ne peut être question de tes rentes. Mais enfin, puisque te voilà ici, je dois supposer ou que tu as gagné à la loterie, ou bien que tu as su te concilier la faveur et la protection, soit de quelque parent haut placé, soit de quelque personnage important, de telle sorte que tu te trouves assuré d'un revenu passable au moins pour dix bonnes années.

— Vous voilà bien, vous autres fous, avec votre manière d'envisager toutes les questions, me répondit mon ami avec un sourire de bonne humeur, et, après s'être remis d'un premier saisissement : vous ne manquez jamais de porter avant tout votre attention sur ces misérables et prosaïques détails. De toutes tes suppositions, mon très cher, il n'en est pas une seule qui se trouve juste. Je suis pauvre ; dans quelques semaines même je vais me trouver sans le sou. Mais qu'importe cela ? J'ai du talent ; on me l'a assuré du moins. Eh bien ! ce talent, pour le faire valoir, devais-je par hasard choisir la ville de Tunis ? Non sans doute, et je suis venu tout droit à Paris. Ici, je ne tarderai pas à éprouver si l'on m'a trompé en me faisant croire à ma vocation d'artiste, si l'on a eu tort de me faire espérer des succès, ou si réellement je possède quelque mérite. Dans le premier cas, je serai bientôt et volontairement désabusé, et alors, éclairé sur le peu que je vaux, je n'hésiterai pas à retourner au pays pour y reprendre ma modeste chambrette ; mais s'il en est autrement, c'est à Paris que mon talent sera plus vite connu et plus dignement payé qu'en aucun autre pays du monde. Oh ! ne ris pas ainsi, et tâche plutôt de me répondre par quelque objection fondée.

— Mon pauvre ami, lui dis-je, je ne ris plus ; en ce moment, au contraire, j'éprouve pour toi et pour ton chien une inquiétude qui m'afflige profondément, car, quelque modéré que tu puisses être dans ton appétit, je sais que ce bel animal ne laissera pas de manger beaucoup. Tu veux nourrir toi et ton chien avec ton talent ? C'est un beau projet, car si notre propre conservation est le premier devoir qui nous soit imposé, l'humanité envers les animaux est le second et le plus beau. Mais dis-moi maintenant, quels moyens comptes-tu employer pour mettre ton talent en évidence ? Quels sont tes projets ? Voyons, fais-moi part de tout cela.

— Oh ! pour ce qui est des projets, je n'en manque pas, et je vais t'en soumettre un grand nombre. D'abord je pense à un opéra. J'en ai une bonne provision ; les uns sont entièrement terminés, les autres ne sont faits qu'à moitié ; d'autres encore, et en grand nombre, ne sont qu'ébauchés, soit pour le Grand-Opéra, soit pour l'Opéra-Comique. Ne m'interromps pas ! Je sais parfaitement que de ce côté les affaires ne marcheront pas très vite, et je ne considère ce projet que comme le but principal vers lequel doivent tendre et se concentrer tous mes efforts. Mais si je ne dois pas espérer d'obtenir si promptement la représentation de mes ouvrages, tu m'accorderas bien au moins qu'avant peu je pourrai être fixé sur la question de savoir si mes compositions seront acceptées ou non par les directions théâtrales. Eh quoi ! tu ris encore ! Ne dis rien ; je connais d'avance l'objection que tu médites, et je vais y répondre à l'instant. Je suis bien persuadé qu'ici encore j'aurai à lutter contre des obstacles sans cesse renaissants ; mais enfin ces obstacles, en quoi peuvent-ils consister, après tout ? Uniquement dans la concurrence. Les plus grands talents se trouvant réunis ici, chacun à l'envi vient offrir ses œuvres ; or, il est du devoir des directeurs de soumettre ces œuvres à un examen sévère et consciencieux ; la lice doit être impitoyablement fermée aux médiocrités, et il ne peut être donné qu'aux travaux d'un mérite avéré d'avoir l'honneur d'être choisis entre tous. Eh bien ! cet examen, je m'y suis préparé, et je ne demande aucune faveur, sans en avoir été reconnu digne. Mais en dehors de cette concurrence, que pourrais-je encore avoir à redouter ? Me faudrait-il craindre par hasard de me trouver, ici comme en Allemagne, dans l'obligation d'avoir recours à des voies tortueuses pour me procurer l'entrée des théâtres royaux ? Dois-je croire que, pendant des années entières, il me faudra mendier la protection de tel ou tel laquais de cour, pour finir par arriver, grâce à un mot de recommandation qu'aura daigné m'accor- der quelque femme de chambre, à obtenir pour mes œuvres l'honneur de la représentation ? Non sans doute, et à quoi bon d'ailleurs des démarches si serviles, ici, à Paris, la capitale de la France libre ! à Paris, où règne une presse puissante qui ne fait grâce à aucun abus ni à aucun scandale et les rend par cela même impossibles ! à Paris enfin où le vrai mérite peut seul espérer d'obtenir les applaudissements d'un public immense et incorruptible ?

— Le public, m'écriai-je, tu as raison. Je suis aussi d'avis qu'avec ton talent tu pourrais espérer de réussir, si tu n'avais affaire qu'au public seul ; mais c'est précisément dans le plus ou le moins de facilité d'arriver jusqu'à lui que tu te trompes lourdement, mon pauvre ami. Ce n'est pas la concurrence des talents contre laquelle tu auras à combattre, mais bien celle des réputations établies et des intérêts particuliers. Es-tu bien assuré d'une protection ouverte et influente, alors tente la lutte, mais sans cela, et surtout si tu manques d'argent, tiens-toi soigneusement à l'écart, car tu ne pourras que succomber, sans même avoir attiré sur toi l'attention publique. Il ne sera pas question de mettre à l'épreuve ton talent et tes travaux. Oh ! non, ce serait là une faveur sans pareille ! On pensera seulement à s'enquérir du nom que tu portes, et comme ce nom est étranger à toute espèce de réputation, comme de plus il ne se trouve inscrit sur aucune liste de propriétaires ou de rentiers, il vous faudra végéter inaperçus, toi et ton talent.

(Je n'ai nul besoin, je pense, de faire remarquer au lecteur que, dans les objections dont je me sers et dont j'aurai encore à me servir vis-à-vis de mon ami, il ne s'agit nullement de voir l'expression complète de ma conviction personnelle, mais seulement une série d'arguments que je regardais comme urgent d'employer pour amener mon enthousiaste à abandonner ses plans chimériques, sans diminuer pourtant en rien sa confiance en son talent.)

Ma controverse manqua cependant son effet sur lui : il devint chagrin, mais il ne m'accorda aucune foi. Je continuai en lui demandant à quels moyens il prétendait avoir recours pour se faire, en attendant, un commencement de réputation qui put lui être de quelque utilité dans la mise à exécution de l'important projet qu'il venait de me communiquer.

Ma question sembla dissiper sa mauvaise humeur.

— Ecoute donc bien, me répondit-il : tu sais que depuis longtemps je me suis adonné avec amour à la musique instrumentale. Ici, à Paris, où l'on semble avoir voué un véritable culte à notre Beethoven, j'ai quelque lieu d'espérer que le compatriote et le plus fervent admirateur de ce grand homme pourra être accueilli sans trop de défaveur, s'il tâche de faire entendre au public les faibles essais qui lui ont été inspirés par l'étude de son inimitable modèle.

— Permets que je t'arrête ici, m'écriai -je ; Beethoven est déifié, tu as parfaitement raison ; mais fais bien attention que sa réputation et son nom sont maintenant choses reçues et consacrées. Mis en tête d'un morceau digne de ce grand maître, ce nom sera bien un talisman assez puissant pour en révéler les beautés à l'instant et comme par magie, mais à ce nom substitues-en tout autre, et tu ne parviendras jamais à rendre les directeurs de concerts attentifs aux passages les plus brillants de ce même morceau. (Le lecteur voudra bien ne pas oublier de faire ici une nouvelle application de la remarque que je lui ai recommandée ci-dessus.)

— Tu mens, s'écria mon ami avec quelque violence ; maintenant je te devine ; ton plan bien arrêté est de me décourager et de me détourner du chemin de la gloire ! mais tu n'y parviendras pas !

— Je te connais, lui dis-je, et je sais que ce que tu viens de dire, tu ne le penses pas sérieusement ; ainsi je te le pardonne. Dans tous les cas, je dois te dire qu'ici encore tu auras à renverser les obstacles qui se dressent indubitablement devant tout artiste sans réputation, quel que puisse être d'ailleurs son talent. Tes deux projets sont bons comme moyens de soutenir et d'augmenter une gloire déjà acquise, mais nullement de commencer une réputation. Ou l'on te laissera te morfondre à attendre en vain l'exécution de ta musique instrumentale, ou bien, si tes compositions sont conçues dans cet esprit audacieux et original que tu admires dans Beethoven, on ne manquera pas de les trouver boursouflées et incompréhensibles, et l'on se débarrassera ainsi de toi avec ce beau jugement. (Le lecteur voudra bien ne pas oublier, etc.)

— Mais ce reproche, me dit-il, si j'avais eu soin de m'y soustraire d'avance ? Si, dans cette prévision, pour prendre mes précautions contre un public superficiel, j'avais eu soin de broder plusieurs morceaux de ces enjolivements légers et modernes que j'abhorre, il est bien vrai, du fond du cœur, mais auxquels les meilleurs artistes ne dédaignent pas d'avoir recours pour assurer leurs succès ?

— Alors on te donnera à entendre que tes œuvres sont trop légères ou trop insignifiantes pour être offertes au public à côté de celles d'un Beethoven ou d'un Musard. (Le lecteur voudra bien ne pas oublier, etc.)

— Ah! monsieur le mauvais plaisant, s'écria mon ami; c'est bien, c'est bien ; je vois enfin que maintenant ton seul but était de te moquer de moi ! Tu es et tu seras toujours un drôle de corps À ce moment, il frappa en riant du pied contre terre, et il atteignit si lourdement les pattes de son beau chien que celui-ci poussa un cri perçant ; mais aussitôt, léchant les mains de son maître, il jeta sur lui un triste regard comme pour le supplier de ne plus traiter mes objections comme des plaisanteries.

— Tu vois, dis-je, qu'il n'est pas toujours bon de confondre le sérieux et le comique. Mais laissons cela. Fais-moi part, je t'en prie, des autres projets qui peuvent t'avoir encore engagé à échanger ta modeste patrie contre l'abîme de Paris. Dis-moi ; dans le cas où, pour l'amour de moi, tu consentirais à abandonner les deux plans dont tu viens de m'entretenir, par quels autres moyens te proposes-tu de chercher à te faire une réputation ?

— Soit, me répondit-il, malgré ton inconcevable disposition à me contredire, je veux te faire ma confidence tout entière. Rien, que je sache, n'est plus recherché dans les salons parisiens que ces romances pleines de grâce et de sentiment telles que les a produites le goût particulier du peuple français, ou que ces *lieder* venus de notre Allemagne, et qui ont acquis ici droit de bourgeoisie. Pense aux *lieder* de Schubert et à la vogue dont ils jouissent en France. Ce genre est précisément un de ceux qui me conviennent particulièrement. Je sens en moi la faculté de créer dans cette branche de l'art quelque chose de remarquable. Je ferai entendre mes *lieder*, et je serai peut-être aussi chanceux que maint et maint compositeur.

Comme tant d'autres, je serai peut-être assez heureux, sans autre secours que ces productions si simples, pour captiver l'attention d'un directeur de théâtre à ce point qu'il n'hésitera pas à me confier la composition d'un opéra.

Ici encore le chien de mon ami poussa un cri douloureux; cette fois, c'était moi qui, dans une contraction pour retenir une violente envie de rire, avais marché sur la patte du noble animal.

— Eh quoi ! m'écriai-je, est-il bien possible que, sérieusement, tu entretiennes de si folles pensées ? Mais où diable as-tu vu ?...

— Mon Dieu, répliqua mon enthousiaste, serait-ce donc la première fois qu'une semblable circonstance se serait présentée ? Faut-il te citer ici tous les journaux dans lesquels j'ai lu si souvent comment tel ou tel directeur de théâtre avait été si profondément ému par l'audition d'une romance, comment tel ou tel poète s'était trouvé si soudainement impressionné par le talent jusqu'alors ignoré d'un compositeur, que, d'un commun accord, poète et directeur se sont à l'instant engagés, l'un à fournir un *libretto*, l'autre à assurer la représentation de l'ouvrage ?

— Ah ! est-ce donc là que nous en sommes ? lui répondis-je en soupirant ; c'est par des articles de journaux que tu as laissé égarer ton candide et honnête esprit. Puisses-tu arriver un jour à te persuader qu'on ne doit ajouter foi qu'au tiers tout au plus de toutes ces réclames, et se bien garder encore d'y croire par trop pieusement. Nos directeurs de théâtres ont, par ma foi, bien autre chose à faire que d'écouter des romances, et à devenir fous d'enthousiasme ! (Le lecteur voudra bien ne pas oublier, etc.) Et puis, admettons que ce soit là un moyen excellent pour se créer une réputation, tes romances, par qui les feras-tu chanter ?

— Eh! par qui, si ce n'est par ces célèbres virtuoses de l'un et de l'autre sexe qui se font si souvent un devoir de recommander au public, avec le plus aimable empressement et le talent le plus complaisant, les productions de talents inconnus ou opprimés ? Suis-je encore ici la dupe de quelque article de journal ?

— Ami, lui répondis-je, à Dieu ne plaise que je prétende nier la noblesse de cœur dont s'honorent à juste titre nos principaux chanteurs ou nos chanteuses. (Le lecteur voudra bien ne pas oublier, etc.) Mais, pour arriver à l'honneur d'une telle protection, n'y a-t-il pas encore bien des exigences à satisfaire ? Tu ne saurais imaginer quelle concurrence, ici encore, tu auras à redouter ; et tu te ferais difficilement une idée des nombreuses et influentes protections que tu devras te ménager auprès de ces cœurs si nobles, pour leur persuader que, réellement, tu possèdes un talent inconnu. Mon bon, mon excellent ami, as-tu encore quelque autre projet ?

Ici, mon enthousiaste fut réellement hors de lui. Il s'éloigna de moi vivement et avec colère, quoique non sans ménagement pour son chien qui, cette fois, ne cria pas. — Et maintenant, s'écria-t-il, quand mes autres plans seraient aussi innombrables que les grains de sable de la mer, je ne voudrais plus t'en confier un seul ! Railleur impitoyable, sache pourtant que tu ne triompheras pas! Mais, dis-moi, je ne veux plus t'adresser que cette seule question, apprends-moi donc de quelle manière ont débuté tous ces grands artistes à qui il a bien fallu pourtant commencer par se faire connaître, et qui ont fini par arriver à la gloire !

— Va le demander à l'un d'eux, lui répondis-je froidement ; peut-être apprendras-tu ce que tu désires savoir. Quant à moi, je l'ignore.

— Ici ! ici ! cria-t-il vivement à son chien. Tu n'es plus mon ami, .me cria-t-il avec emportement. Malgré ta froide raillerie, tu ne me verras pas faiblir ! Dans un an, rappelle-toi bien mes paroles ; dans un an, tu pourras apprendre le lieu de ma demeure par la bouche du premier gamin venu, ou j'aurai soin de t'informer du lieu où il faudra que tu viennes pour me voir mourir

Puis, il siffla son chien d'une manière aigre et perçante, et disparut avec la rapidité de l'éclair, aussi bien que son superbe compagnon. Il me fut impossible de les rejoindre.

Dès les premiers jours qui suivirent notre séparation, quand je vis échouer successivement toutes mes tentatives pour découvrir la demeure de mon ami, je pus me convaincre profondément combien j'avais eu tort de n'avoir pas su combattre les nobles susceptibilités d'un esprit si hautement enthousiaste avec de meilleures armes qu'avec les objections si froides, si désespérantes, et à tout prendre peu sincères que j'avais constamment opposées aux projets qu'il me confiait avec une candeur toute naïve. Dans la louable intention de l'effrayer autant que possible afin de le détourner de ses projets, parce que je savais à n'en pas douter qu'il n'était nullement homme à suivre avec succès la route qu'il prétendait se tracer, dans cette louable intention, dis-je, j'avais perdu de vue que je n'avais pas affaire à un de ces esprits légers et flexibles qu'il est facile de convaincre, mais bien à un homme qu'une foi ardente dans la divine et incontestable vérité de son art avait amené à un tel degré de fanatisme que, de doux et pacifique qu'il était naturellement, son caractère était devenu d'une roideur et d'une opiniâtreté à toute épreuve. Assurément, pensais-je en moi-même, il erre maintenant dans les rues de Paris avec la ferme confiance qu'il doit arriver à ce point de n'avoir plus qu'à choisir, entre tous ses projets, celui qu'il mettra d'abord à exécution, de manière à voir briller son nom sur ces affiches vers lesquelles se concentrent tous ses efforts. Assurément, il donne maintenant un sou à quelque vieux mendiant bien misérable, avec l'intention bien arrêtée de lui offrir un napoléon d'ici à quelques mois.

Plus le temps s'écoulait depuis que nous nous étions perdus de vue, plus mes efforts pour découvrir mon ami étaient infructueux, et plus je me laissais entraîner par l'assurance imperturbable dont il avait fait preuve dans notre dernière entrevue, si bien qu'enfin j'en vins à jeter de temps à autre un regard inquiet et curieux sur les affiches musicales pour voir si, dans quelque coin de ces affiches, je n'apercevrais pas par hasard le nom de mon enthousiaste. Chose étrange, plus l'inutilité de mes recherches me laissait triste et mécontent, plus aussi je me laissais involontairement aller à l'espoir toujours croissant que mon ami avait peut-être fini par réussir. J'en étais presque venu à me figurer qu'en ce moment même où j'errais inquiet à sa poursuite, l'originalité de son talent avait déjà été reconnue et appréciée par quelque grand personnage ; que déjà peut-être il s'était trouvé chargé de quelques travaux importants, dont il avait su tirer gloire, honneur, que sais-je encore ? Et, après tout, pourquoi non? me disais-je. Toute âme profondément inspirée ne suit-elle pas les destinées de quelque astre ? Le sien ne peut-il pas être une heureuse étoile ? La découverte d'un trésor caché ne peut-elle donc pas être amenée par un miracle? Précisément parce qu'il ne m'arrivait jamais de rencontrer soit une romance, soit une ouverture, soit enfin quelque composition du genre facile, portant le nom de mon ami, j'aimais à croire qu'il s'était attaqué tout d'abord et avec succès à la réalisation de ses plans les plus grandioses, et que, dédaignant les éléments d'une modeste réputation, il s'était voué corps et âme à la composition de quelque opéra en cinq actes pour le moins. Il est bien vrai que je m'étonnais parfois de ne jamais entendre prononcer son nom, dans aucune des réunions artistiques où il m'arrivait d'assister. Mais comme j'allais peu dans cette sorte de monde, car je tiens moins du musicien que du banquier, je croyais ne m'en devoir prendre qu'à ma mauvaise chance qui m'éloignait précisément des cercles où sa gloire brillait sans doute de l'éclat le plus vif.

On croira sans peine qu'il dut s'écouler un temps assez considérable avant que le douloureux intérêt que m'avait d'abord inspiré mon ami put se changer chez moi en une confiance presque sans bornes dans sa bonne étoile. Pour en venir là, il me fallut nécessairement passer par toutes les phases les plus diverses de la crainte, de l'incertitude et de l'espoir. Aussi s'était-il déjà écoulé près d'un an depuis ma rencontre au

Palais-Royal avec un beau chien et un artiste enthousiaste. Dans cet intervalle, des spéculations singulièrement heureuses m'avaient amené à un si surprenant degré de prospérité, qu'à l'exemple de Polycrate, je ne pouvais m'empêcher de craindre que je ne fusse sous le coup imminent de quelque grand malheur. Il me semblait même l'éprouver par avance ; ce fut donc dans une disposition d'esprit assez peu riante qu'un jour j'entrepris ma promenade accoutumée aux Champs-Elysées. On était alors en automne ; les feuilles jaunies jonchaient la terre, et le ciel semblait couvrir d'un vaste manteau gris la magnifique promenade. Cependant Polichinelle ne laissait pas de se livrer comme de coutume aux accès toujours renaissants de sa vieille et *frappante* colère. S'abandonnant à son aveugle fureur, l'audacieux bravait comme toujours la justice des hommes, jusqu'à ce qu'enfin le courroux du mortel téméraire fût forcé de céder aux épouvantables coups de griffes du principe infernal si merveilleusement représenté par le chat enchaîné. Soudain j'entendis auprès de moi, à peu de distance du modeste théâtre des terribles

exploits de Polichinelle, quelqu'un débiter d'une voix étrangement accentuée le monologue suivant :
— Admirable en vérité ! admirable ! mais comment diable ai-je été chercher si loin ce que j'avais là sous la main ? Eh quoi ! Est-ce donc un théâtre si méprisable que celui-ci où les vérités les plus saisissantes en poésie et en politique viennent se dérouler devant le public le plus impressionnable et le moins prétentieux du monde ? Ce héros si téméraire, n'est-ce pas Don Juan ? Ce chat blanc, d'une beauté si mystérieusement effrayante, ne me représente -t-il pas trait pour trait le gouverneur à cheval ? Quelle ne sera pas l'importance artistique de ce drame quand j'y aurai adapté une musique! Quels organes sonores chez ces acteurs ! Et le chat ! Ah ! le chat ! Quels trésors secrets restent maintenant cachés dans son admirable gosier ! Jusqu'à présent il n'a pas fait entendre sa voix ; maintenant il est encore tout démon. Mais quel indicible effet ne produira-t-il pas lorsqu'il chantera les roulades que je saurai si bien calculer pour sa voix ! Quel incomparable *portamento* dans cette céleste gamme chromatique que je lui destine ! Qu'il sera terrible, son sourire, quand il dira ce passage qui doit avoir un si prodigieux succès ! Oh ! Polichinelle, tu es perdu ! Quel plan admirable ! Et puis quel excellent prétexte pour l'emploi constant du tam-tam que les éternels coups de bâton de Polichinelle ne viennent-ils pas me fournir ! Eh bien ! pourquoi tarder à m'assurer la protection du directeur ? Je puis me présenter tout de suite; ici, du moins, il ne sera pas question de faire antichambre; un seul pas, et me voilà au milieu du sanctuaire, devant celui dont l'œil divinement clairvoyant n'hésitera pas à reconnaître en moi l'illumination du génie ! ou bien faudrait-il encore craindre la concurrence ? Le chat, par hasard ?... Entrons vite avant qu'il soit trop tard !

En disant ces derniers mots l'homme au soliloque voulut se précipiter dans la baraque de Polichinelle : je n'avais pas eu de peine à reconnaître mon ami, et j'étais bien résolu à lui éviter une fâcheuse démarche. Je le saisis par l'habit, et mes embrassements le forcèrent à se retourner de mon côté.

— Qui diable est là ? s'écria-t-il vivement. Il ne tarda pas à me reconnaître ; il commença par se débarrasser froidement de moi, puis il ajouta : J'aurais dû penser que toi seul pouvais me détourner de cette tentative, la dernière planche de salut qui me reste. Laisse-moi; il pourrait être trop tard !...

Je le retins de nouveau ; je parvins même à l'entraîner un peu plus loin, vis-à-vis du théâtre, mais il me fut tout à fait impossible de l'éloigner entièrement de cet endroit.

Pourtant, je pris le temps de l'observer avec plus d'attention. Dans quel état le retrouvais-je, bon Dieu ! Je ne parle pas de son habillement, mais de ses traits. Celui-là était misérable, mais ceux-ci offraient un aspect effrayant. La bonne et franche humeur en avait disparu. Il portait autour de lui des regards fixes et inanimés ; ses joues pâles et flasques ne parlaient pas seulement de douleur morale ; les taches colorées qui les marbraient témoignaient encore des souffrances de la faim ! Comme je le considérais avec le plus profond sentiment d'affliction, il parut touché jusqu'à un certain point, car il ne chercha que faiblement à se dégager de mes bras.

— Comment cela va-t-il, mon cher R... ? lui dis-je d'un ton d'hésitation. Puis j'ajoutai avec un sourire triste : Où donc est ton beau chien ? Son regard s'assombrit : — Volé ! répondit-il laconiquement.

— Pas vendu ? dis-je à mon tour.

— Misérable ! répondit-il d'une voix creuse, tu es donc aussi comme l'Anglais, toi ?

Je ne compris pas ce qu'il voulait dire par ces mots. —
Mens, repris-je d'une voix émue, viens, conduis-moi chez
toi ; j'ai besoin de causer avec toi.

— Tu n'auras bientôt plus besoin de me demander ma
demeure, répondit-il ; je suis enfin maintenant sur la
véritable voie qui mène à la réputation, à la fortune. Va-t-
en, car tu n'en crois rien ; que sert de prêcher un sourd ?
Pour croire, vous autres, vous avez besoin de voir. C'est
bien, tu verras bientôt ! Lâche-moi maintenant, si tu ne
veux pas que je te regarde comme mon ennemi juré.

Je n'en serrai que plus fortement ses mains. — Où
demeures-tu ? lui dis-je encore. Viens, conduis-moi chez
toi. Nous parlerons de cœur et d'amitié, et, s'il le faut, tu
m'entretiendras même de tes projets.

— Tu les connaîtras par l'exécution, fit-il. Des quadrilles,
des galops, voilà qui est de ma force, n'est-ce pas ? Tu
verras, tu entendras. Vois-tu ce chat ? Il me vaudra de
solides droits d'auteur. Figure-toi un peu l'effet, quand, de
ce museau si fin, du milieu de ces dents rangées en perles
sortiront les mélodies chromatiques les plus inspirées,
accompagnées des gémissements et des sanglots les plus
délicats du monde ! Mais l'imagines-tu, mon cher ? —
Bah ! vous n'avez pas d'imagination, vous autres ! —
Laissez-moi ! laissez-moi ! vous n'aurez pas de *fantaisie* !
Je le retins avec de nouveaux efforts, renouvelant ma plus
instante prière pour qu'il me conduisît chez lui, sans qu'il
voulût y avoir plus d'égards. Son regard se tournait
toujours vers le chat avec une sorte de surexcitation fébrile.

— Mais tout dépend de lui, s'écriait-il ; fortune,
considération, gloire, tout cela est entre ses pattes
veloutées. Que le ciel dirige son cœur et m'accorde la
faveur de ses bonnes grâces. Son regard est bienveillant;
oui, oui, c'est de la nature chatière. Il est bienveillant, poli,
poli par-delà toute mesure ; — mais c'est toujours un chat.

— Attends, je puis te réduire ; j'ai un chien magnifique qui te tiendra en respect. Victoire ! j'ai gagné. Où est mon chien ?

Il avait poussé ces derniers mots avec un cri rauque et dans un mouvement d'exaltation insensée. Il regarda vivement autour de lui, et parut chercher son chien; son œil allumé se porta sur la large chaussée. À ce moment passait sur un magnifique cheval un homme élégant qu'à sa physionomie et à la coupe de ses habits on reconnaissait pour un Anglais. À ses côtés courait en aboyant fièrement un grand et beau chien de Terre-Neuve. — Ah ! mon pressentiment ! s'écria à cette vue mon pauvre ami transporté de rage et de fureur. Le maudit ! mon chien ! mon chien !

Toute ma force fut brisée par le pouvoir surhumain avec lequel le malheureux, prompt comme l'éclair, s'arracha de mes mains. Il vola comme une flèche à la suite de l'Anglais, qui, par hasard, mit au même instant son cheval au grand galop, que suivait le chien avec les bonds les plus joyeux du monde. Je courus aussi, mais en vain. Quels efforts pourraient égaler l'exaltation d'un fou furieux ? Je vis cavalier, chien et ami disparaître dans une des rues latérales qui conduisent dans le faubourg du Roule. Arrivé à cette rue, je ne les vis plus. Il suffit de dire que tous mes efforts pour retrouver leurs traces demeurèrent sans résultat.

Ébranlé et surexcité moi-même jusqu'à une sorte de délire, je dus pourtant me résoudre à la fin à suspendre provisoirement mes recherches. Mais on m'accordera facilement qu'aucun jour ne se passa de ma part sans efforts pour retrouver quelque indice qui pût me faire découvrir la demeure de mon malheureux ami. Je pris des informations dans tous les endroits qui avaient avec la musique un rapport quelconque ; je ne pus trouver nulle part le moindre renseignement. Ce ne fut que dans les antichambres révérées de l'Opéra que les employés subalternes se rappelèrent une triste apparition, une sorte de fantôme lamentable qui s'était montré souvent, attendant qu'on lui accordât une audience, et dont naturellement on n'avait jamais su le nom ni la demeure. Toutes les autres voies, celles même delà police, ne purent me remettre sur sa trace. Les gardiens même delà sûreté publique n'avaient pas jugé à propos de s'occuper du plus misérable des hommes.

J'étais tombé dans le désespoir. Un matin, — c'était environ deux mois après la rencontre des Champs-Elysées, — je reçus par voie indirecte une lettre que m'avait fait tenir une personne de connaissance. Je l'ouvris avec un triste pressentiment, et j'y lus ce peu de mots : « Mon cher, viens me voir mourir ! » L'adresse qui s'y trouvait jointe indiquait une étroite ruelle à Montmartre.

Je ne pus pleurer, et m'en fus gravir les pentes de Montmartre. J'arrivai, en suivant les indications de l'adresse, à une de ces maisons de pitoyable apparence comme il s'en trouve dans les rues latérales de cette petite ville. Cette bâtisse, en dépit de son chétif extérieur, n'avait pas manqué de se compléter de cinq étages. Cette condition avait dû, selon toute apparence, influer favorablement sur la détermination de mon misérable ami, et je fus ainsi forcé de me guinder au haut d'un escalier en échelle à donner le vertige. La chose en valait pourtant la peine, car en demandant mon ami, l'on m'indiqua une petite chambre sur le derrière. Or, si, de ce côté moins favorisé de cette respectable masure, il fallait renoncer à la vue de la rue gigantesque, large de deux mètres, on en était dédommagé par la perspective qui s'étendait sur tout Paris. Ce fut donc en présence de cet aspect magnifique, mais sur un lit de douleur, que je trouvai mon malheureux enthousiaste. Son visage, son corps tout entier était infiniment plus amaigri, plus creusé que le jour de notre rencontre aux Champs-Elysées ; l'expression de sa pensée était néanmoins bien plus satisfaisante qu'à cette époque. Le regard farouche, sauvage et presque insensé, la flamme indéfinissable de ses yeux, avaient disparu. Son regard était mat et presque éteint : les affreuses taches foncées de ses joues semblaient s'être dissoutes dans la consomption générale.

Tremblant, mais avec une expression calme, il me tendit la main en disant : « Pardonne-moi, cher ami : merci d'être venu. »

Le ton étrangement tendre et sonore avec lequel il avait dit ce peu de mots m'impressionna peut-être encore plus douloureusement que ne l'avait fait d'abord son aspect. Je lui serrai la main et pleurai sans pouvoir parler.

— Il y a, ajouta-t-il après une pause d'émotion, plus d'un an, ce me semble, que nous nous rencontrâmes au brillant Palais-Royal. Je n'ai pas tenu tout à fait parole. Devenir célèbre dans l'année m'a été impossible avec la meilleure volonté du monde. D'un autre côté, ce n'est pas ma faute si je n'ai pu t'écrire au bout d'un an révolu, pour te prier de me voir mourir. Je n'avais pu, malgré tous mes efforts, en venir encore là. Oh ! ne pleure pas, mon ami. Il fut un temps où j'ai dû te prier de ne pas rire.

Je voulus parler, mais la parole me manqua encore. — Laisse-moi continuer, dit le mourant, cela m'est facile en ce moment, et je te dois un récit assez long. Je suis persuadé que je ne serai plus demain ; c'est pourquoi il faut que tu m'écoutes aujourd'hui. Ce récit est simple, mon ami, très simple : pas de complications étranges, pas de péripéties étonnantes, pas de détails prétentieux. Tu n'as pas à craindre pour ta patience que la facilité de langage dont je jouis momentanément m'enivre et m'emporte trop loin. Il y a eu en revanche des jours, mon cher, où je n'ai pas proféré un son. — Ecoute ! — Quand je pense à l'état dans lequel tu me trouves aujourd'hui, je crois inutile de t'assurer que ma destinée n'a été rien moins que belle. Il n'est guère plus nécessaire que je te raconte en détail les circonstances dans lesquelles succomba ma foi enthousiaste. Qu'il te suffise de savoir que ce n'étaient pas des écueils sur lesquels j'échouai. — Heureux, hélas ! le naufragé qui périt dans la tempête ! — Non, c'est dans la vase, dans la boue que je me perdis. — Ce marécage, mon cher, environne tous ces orgueilleux et brillants temples de l'art vers lesquels nous autres, pauvres insensés, marchions en pèlerinage avec une ferveur aussi profonde que si nous eussions dû y gagner le salut de notre âme. Heureux le pèlerin léger de bagage ! L'élan d'un seul entrechat bien réussi peut suffire à lui faire franchir la largeur du marais. Heureux le riche ambitieux ! son cheval bien manié n'a besoin que d'une seule pression de ses éperons d'or, pour le transporter rapidement de l'autre côté. Malheur, hélas ! à l'enthousiaste qui, prenant ce marais pour un pré fleuri, s'y abîme sans retour, et y devient la pâture des grenouilles et des crapauds ! Vois, mon cher, comme cette infâme vermine m'a rongé : il n'y a plus en moi une seule goutte de sang. — Dois-je te dire ce qui m'est arrivé ? — Pourquoi ? après tout. Tu me vois mourir. C'est bien assez de savoir que je n'ai pas été terrassé sur le champ de bataille, mais que... cela est horrible à dire !... je suis mort de faim dans les antichambres. Sache qu'il y en a beaucoup à Paris, beaucoup de ces antichambres avec des bancs de velours ou des bancs de bois, chauffées ou non chauffées, pavées ou non pavées !

« Dans ces antichambres, continua mon pauvre ami, j'ai passé à rêver une belle année de ma vie. J'y ai rêvé beaucoup et prodigieusement, de choses folles et fabuleuses des *Mille et une Nuits*, d'hommes et de bêtes brutes, d'or et d'immondices. J'y ai rêvé de dieux et de contrebasses, de brillantes tabatières et de premières cantatrices, de choristes et de pièces de cinq francs. Au milieu de tout cela, il me semblait entendre souvent le son plaintif et inspiré d'un hautbois. Ce son pénétrait tous mes nerfs et me déchirait le cœur. Un jour, comme j'avais fait les rêves les plus désordonnés, et que ce son m'avait ébranlé de la façon la plus douloureuse, je m'éveillai soudain et trouvai que j'étais devenu fou. Je me rappelle du moins que j'oubliai la chose dont j'avais le plus d'habitude, à savoir, de faire au garçon de théâtre ma plus profonde révérence au moment où je quittai l'antichambre.

— Ce fut, soit dit eu passant, la raison pour laquelle je n'osai jamais y retourner, car le garçon ne m'y aurait probablement plus reçu ! — Je quittai donc d'un pas chancelant l'asile de mes songes, mais en franchissant le seuil de la maison, je tombai. J'avais trébuché sur mon pauvre chien qui, selon son habitude, antichambrait dans la rue en attendant son heureux maître auquel il était permis d'antichambrer au milieu des hommes. Il faut que je te dise que ce chien m'avait été fort utile. C'était à lui seulement et à sa beauté que je devais d'avoir été quelquefois honoré d'un regard complaisant par le valet de l'antichambre. Malheureusement, il perdait chaque jour un peu de sa beauté, car la faim ravageait aussi ses entrailles. Cela me donna de nouvelles inquiétudes, puisqu'il devenait évident pour moi que c'en serait bientôt fait de la faveur de ce valet qui m'accueillait déjà parfois avec un sourire de dédain. — Je te disais donc que j'avais trébuché sur mon chien. J'ignore combien de temps je restai là, et combien de coups de pieds je pus recevoir des allants et venants. Enfin, je fus éveillé par les tendres caresses, par la chaude langue du pauvre animal. Je me relevai, et, dans un moment lucide, je compris sur-le-champ le devoir qui m'était le plus impérieusement recommandé : je devais donner à manger à mon chien. Un marchand d'habits intelligent m'offrit quelques sous pour mon mauvais gilet. Mon chien mangea, et je dévorai ce qu'il voulut bien me laisser. Cela lui réussit à merveille, mais rien ne pouvait plus me réussir à moi. Le produit d'une relique, du vieil anneau de ma grand'mère, suffit pour restituer au chien toute sa beauté disparue. Il resplendit de nouveau de tout l'éclat de sa beauté. Ô beauté fatale! — L'état de ma tête était de plus en plus déplorable. Je ne sais plus très bien ce qui s'y passa, mais je me souviens qu'un jour j'éprouvai l'irrésistible fantaisie de voir le diable. Mon chien, éblouissant de beauté, m'accompagnait quand j'arrivai à l'entrée des concerts Musard. Avais-je l'espoir d'y rencontrer le diable ? Je ne le sais au juste. Je me mis à examiner les gens qui entraient ; et que vois-je dans le nombre ? l'abominable Anglais, tout à fait le même en chair et en os. Il n'était point changé, et m'apparut tout à fait comme dans le temps où il me joua auprès de Beethoven cet atroce tour que j'ai raconté. — La terreur me saisit : j'étais bien préparé à affronter un démon de l'autre monde, mais jamais à rencontrer ce fantôme de notre terre à nous. Eh ! qu'éprouvai-je, hélas ! quand le malheureux me reconnut sur-le-champ ? Je ne pouvais l'éviter ; la foule nous poussait l'un vers l'autre. Contre son gré et contre la coutume de ses compatriotes, il se vit forcé de se jeter dans mes bras que j'avais étendus pour me frayer un passage. Il y était et fut pressé fortement contre mon cœur agité de mille émotions cruelles. Ce fut un terrible moment ! Cependant nous nous trouvâmes bientôt plus au large, et il se dégagea avec quelque contrariété de mes étreintes involontaires. Je voulus fuir, mais cela me fut impossible. — Soyez donc le bienvenu, mon cher monsieur ! s'écria-t-il ; c'est charmant pour moi de vous rencontrer toujours ainsi sur les chemins de l'art ! Nous allons cette fois chez Musard ! Rempli de rage, je ne pus trouver que cette exclamation : — Au diable ! — Ah ! oui, répondit-il, cela doit être diabolique. J'ai ébauché dimanche dernier une composition que je dois offrir à Musard. Connaissez- vous Musard ? Voulez-vous me présenter à lui ? — Mon horreur pour ce spectre se changea en une angoisse sans nom. Surexcité comme je l'étais, je réussis à me dégager de lui et à m'enfuir vers le boulevard. Mon beau chien courait en aboyant à mon côté. En un clin d'œil l'Anglais était auprès de moi, m'arrêta, et me dit avec un accent d'exaltation : — Sire, ce beau chien est-il à vous ? — Oui. — Oh ! cela est très bien, monsieur ; je vous compte pour ce chien cinquante guinées ! Savez-vous que c'est la mode pour les gentlemen d'avoir des chiens de cette espèce ? Aussi j'en ai déjà possédé une quantité innombrable. Malheureusement, ces animaux étaient tous anti-musiciens : ils n'ont jamais pu souffrir que je jouasse de la flûte ou du cor, et se sont toujours enfuis de chez moi pour cette cause. Mais je dois supposer, puisque vous avez le bonheur d'être musicien, que votre chien est aussi organisé pour la musique. C'est pourquoi je vous en offre cinquante guinées. — Misérable ! m'écriai-je, je ne vendrais pas mon chien pour la Grande-Bretagne tout entière ! Et je me mis là-dessus à courir, mon chien courant devant moi. Je louvoyai dans les rues de traverse, qui conduisaient à l'endroit où je passais ordinairement la nuit. Il faisait un beau clair de lune. De temps à autre je jetais autour de moi des regards inquiets. Je crus remarquer avec effroi que la longue silhouette de l'Anglais me poursuivait. Je doublai le pas avec un surcroît d'anxiété. Tantôt j'apercevais le fantôme, tantôt je le perdais de vue. Enfin j'atteignis tout tremblant mon asile. Je donnai à manger à mon chien, et m'étendis sans souper sur un lit bien dur. Je dormis longtemps, et fis des rêves horribles. Quand je

m'éveillai, mon beau chien avait disparu. Comment s'était-il échappé, ou plutôt comment l'avait-on attiré de l'autre côté de la porte mal fermée d'ailleurs? c'est ce que je ne puis comprendre encore aujourd'hui. J'appelai, je le cherchai jusqu'à ce que je tombasse en sanglotant. Tu te rappelles qu'un jour je revis l'infidèle dans les Champs-Elysées ; tu sais quelles peines je me donnai pour le reprendre, mais tu ne sais pas que l'animal me reconnut bien, et que lorsque je l'appelai, il s'enfuit loin de moi comme une bête fauve. Je ne l'en poursuivis pas moins, et avec lui le cavalier satanique, jusqu'à la porte cochère où celui-ci se précipita, et qui se referma en criant sur lui et sur le chien. Dans ma rage, je fis à la porte un bruit de tonnerre. Des aboiements furieux furent la seule réponse que je reçus. Épuisé et presque abruti, je fus forcé de m'asseoir jusqu'à ce que je fusse tiré de mon anéantissement par une horrible gamme exécutée sur le cornet, dont les sons sortant du fond de l'hôtel percèrent mon oreille et provoquèrent dans la cour des hurlements douloureux. Alors, j'éclatai de rire, et m'en retournai. »
Profondément ému, mon pauvre ami s'arrêta. Si la parole lui était devenue plus facile, l'exaltation intérieure ne lui causait pas moins une affreuse fatigue. Il ne lui était plus possible de se tenir assis. Il retomba avec un faible gémissement. Une longue pause suivit. J'observai ce malheureux avec une émotion pénible. Ses joues avaient revêtu cette teinte rouge transparente particulière aux phtisiques. Il avait fermé les yeux, et restait là comme endormi. Sa respiration ne se trahissait que par un mouvement peu sensible et presque éthéré. J'attendais avec anxiété le moment où je pourrais lui parler pour lui demander à quoi je pourrais encore lui être bon en ce monde. Enfin, il ouvrit les yeux. Un éclat glauque et

surnaturel animait son regard qu'il tourna sans hésiter vers moi.

— Mon pauvre ami, lui dis-je, tu me vois plein d'un désir douloureux de te servir en quelque chose. As-tu quelque vœu à faire ? dis-le moi.

Il répondit en souriant : — Tu es bien impatient, ami, de connaître mon testament. Oh ! sois sans inquiétude, je ne t'y ai pas oublié. Mais ne veux-tu donc pas apprendre auparavant comment ton malheureux frère en est venu jusqu'à mourir ? Vois-tu, je voudrais que mon histoire fût connue au moins d'une âme sur cette terre, et je n'en sais pas une, si ce n'est la tienne, de qui je puisse croire qu'elle se soucie de moi. Ne crains pas que je me fatigue ; je me sens à mon aise, et la chose m'est facile. Aucune pesanteur dans la respiration, et les paroles coulent de source. Au reste, vois-tu, je n'ai plus que peu de chose à raconter. Tu te figures bien qu'au point ou j'en étais arrivé de mon histoire, je n'avais plus rien à faire avec les choses du monde extérieur. C'est de là que date mon histoire intime, car je sus dès ce moment que je mourrais bientôt. Cette affreuse gamme sur le cornet dans l'hôtel de l'Anglais me remplit d'un dégoût de la vie, mais dégoût tellement irrésistible que je résolus de mourir. Je ne devrais point, à la vérité, tirer gloire de cette résolution, car je n'étais plus guère libre de vouloir mourir ou vivre. Quelque chose avait éclaté dans ma poitrine et y avait laissé une résonance prolongée et perçante. Quand ce son s'éteignit, je me sentis à mon aise comme je ne l'avais jamais été, et sus que j'allais mourir. Oh ! que cette conviction me remplit de contentement ! Comme je m'exaltai au pressentiment d'une dissolution prochaine que je surpris dans toutes les parties de mon être délabré ! Insensible à tous les objets extérieurs, et ne sachant où me portaient mes pas tremblants, j'arrivai un jour sur les hauteurs de

Montmartre. Je saluai le mont des Martyrs, et résolus de finir sur ce coin de terre ; car je mourais, moi aussi, pour la pureté de la croyance; je pouvais, moi aussi, me dire martyr, quoique ma foi n'eût jamais été combattue par personne, si ce n'est parla faim. Ici, malheureux, sans asile, j'ai trouvé un toit ; je n'ai pas demandé autre chose, sinon qu'on me donnât ce lit et qu'on fît chercher les partitions et les papiers que j'avais déposés dans un misérable bouge de la grande ville, car je n'avais, hélas ! pu réussir à les mettre quelque part en gage. Tu me vois, j'ai résolu de mourir en Dieu et dans la véritable musique. Un ami me fermera les yeux ; mon chétif avoir suffira pour payer mes dettes, et j'aurai sans doute une sépulture honorable, que puis-je donc souhaiter de plus ?

Je donnai jour enfin aux sentiments qui m'oppressaient :

— Comment, m'écriai-je, as-tu pu ne m'invoquer que pour ce triste service ! Ton ami, quelque mince que fût son pouvoir, ne pouvait-il donc pas t'être utile d'une autre manière ? Je t'en conjure, pour ma tranquillité, parle sincèrement, était-ce un défaut de confiance dans mon amitié, qui t'empêcha de t'adresser à moi et de me faire connaître plus tôt ton sort ?

— Oh ! ne te fâche pas, répondit-il d'un air suppliant, ne te fâche pas contre moi quand je t'avouerai que je m'opiniâtrais a te regarder comme mon ennemi ! Quand je reconnus mon erreur à cet égard, ma tête tombait dans un état qui m'enlevait la responsabilité de mes actions. Je sentis que je n'avais plus rien à faire avec les hommes sensés. Pardonne-moi, et montre-toi plus bienveillant que je ne le fus à ton égard. — Allons ! donne-moi la main, et que cette faute de ma vie soit comme effacée !

Je ne pus résister ; je saisis sa main et fondis en larmes. Cependant, je reconnus combien les forces de mon ami diminuaient. Il n'était plus en état de se dresser : cette rougeur passagère alternait sur ses joues avec des teintes de plus en plus mates.

— Mon cher, occupons-nous d'une petite affaire, reprit-il. Nomme cela, si tu le veux, mes dernières volontés, car je veux d'abord que mes dettes soient soldées. Les pauvres gens qui m'ont reçu m'ont soigné bien volontiers, et ne m'ont guère fait souvenir qu'ils devaient être payés. Il en est de même de quelques autres créanciers, dont tu trouveras la liste sur ce papier. Pour le paiement, je fais cession de tous mes biens ; lames compositions, ici mon journal, où je portais mes notes musicales et mes caprices. Tu as de l'habitude, mon cher ami ; je me repose sur ton habileté du soin de tirer de ces valeurs de ma succession le meilleur prix possible, et d'employer le produit à l'acquittement de mes dettes terrestres. — En second lieu, je veux que tu ne maltraites pas mon chien, si jamais tu le rencontres ; car je suppose que le cornet de l'Anglais Ta déjà terriblement puni de son manque de fidélité. — Troisièmement, je veux que le récit de mes souffrances à Paris soit publié, sauf à taire mon nom, pour servir d'avertissement à tous les fous qui me ressemblent. Enfin, je veux un enterrement décent, mais sans éclat et sans foule. Peu de personnes suffiront à m'accompagner. Tu trouveras dans mon journal leur nom et leur adresse. Les frais de l'enterrement seront supportés par eux et par toi. — *Amen.*

— Maintenant, reprit le mourant après une interruption que rendit nécessaire son affaiblissement de plus en plus sensible, maintenant, un dernier mot sur ma croyance : Je crois à Dieu, à Mozart, à Beethoven, ainsi qu'à leurs disciples et à leurs apôtres ; je crois au Saint-Esprit et à la vérité d'un art un et indivisible ; je crois que cet art procède de Dieu, et vit dans les cœurs de tous les hommes éclairés d'en haut ; je crois que celui qui a goûté une seule fois les sublimes jouissances de cet art, lui est dévoué pour toujours, et ne peut le renier ; je crois que tous peuvent devenir bienheureux par cet art, et qu'il est en conséquence permis à chacun de mourir de faim en le confessant ; je crois que la mort me donnera la suprême félicité ; je crois que j'étais sur la terre un accord dissonant qui va trouver dans la mort une pure et magnifique résolution ; je crois à un jugement dernier où seront affreusement damnés tous ceux qui, sur cette terre, ont osé faire métier, marchandise et usure de cet art sublime qu'ils profanaient et déshonoraient par malice de cœur et grossière sensualité ; je crois que ces immondes seront condamnés à entendre pendant l'éternité leur propre musique ; je crois au contraire que les fidèles disciples de l'art sublime seront glorifiés dans une essence céleste, radieuse de l'éclat de tous les soleils au milieu des parfums des accords les plus parfaits, et réunis dans l'éternité à la source divine de toute harmonie. Puisse un sort pareil m'être octroyé en partage ! *Amen.*

Je crus un instant que la fervente prière de mon enthousiaste ami était exaucée, tant son oeil resplendissait d'une lumière céleste, tant il restait immobile dans une extase sans souffle. Vivement ému, je me penchai sur son visage pour reconnaître s'il appartenait encore à ce monde. Sa respiration très faible et presque imperceptible m'apprit qu'il vivait encore. Il murmura à voix bien basse, quoique intelligible, ces mots : — Réjouissez-vous, croyants ; les joies qui vous attendent sont grandes. — Puis il se tut ; l'éclat de son regard s'éteignit ; un sourire aimable resta sur ses lèvres. — Je lui fermai les yeux, et priai Dieu de m'accorder une mort semblable.

Qui sait ce qui, dans cette créature humaine, s'éteignit sans laisser de traces ! Était-ce un Mozart, un Beethoven ? qui peut le savoir, et qui voudrait me contredire si je déclarais qu'avec cet homme mourut un artiste qui eut ravi le monde par ses créations, s'il ne fût mort de faim préalablement. Je le demande, qui me prouvera le contraire ?

— Aucun de ceux qui suivirent sa dépouille mortelle ne pensa à soutenir cette thèse. Ils n'étaient que deux avec moi, un philologue et un peintre ; un autre fut empêché par un rhume ; plusieurs autres n'eurent pas le temps. Comme nous arrivions sans pompe au cimetière Montmartre, nous remarquâmes un beau chien qui s'approcha de la civière et flaira le cercueil en renâclant avec une curiosité triste et inquiète. Je reconnus l'animal et regardai autour de nous : j'aperçus, fièrement assis à cheval, l'Anglais, qui parut ne rien comprendre à l'étrange préoccupation de son chien qui suivait le cercueil; il descendit, donna son cheval à garder à son domestique, et nous rejoignit dans le cimetière : — Qui enterrez-vous là, monsieur ? dit-il, en s'adressant à moi. — Le maître de votre chien, répondis-je. — Goddam ! s'écria-t-il, il est fort désagréable pour moi que ce gentleman soit mort sans avoir reçu son argent pour le prix de l'animal. Je le lui avais destiné et cherchais une occasion de le lui faire parvenir, quoique ce chien hurle pendant mes exercices de musique. Mais je réparerai ma sottise, et disposerai des cinquante guinées, qui sont le prix du chien, pour une pierre funéraire qui sera placée sur la sépulture de l'honorable gentleman. Puis il s'en fut et remonta à cheval ; le chien resta près de la fosse pendant que l'Anglais s'éloignait.

Il me reste maintenant à exécuter le testament. Je publierai dans les prochains numéros de cette gazette, sous le titre de *Caprices esthétiques d'un musicien*, les différentes parties du journal du défunt, pour lesquelles l'éditeur a promis de payer un prix élevé, par égard pour la destination respectable de cet argent. Les partitions qui composent le reste de sa succession sont à la disposition de MM. les directeurs d'Opéra, qui peuvent, pour cet objet, s'adresser, par lettres non affranchies, à l'exécuteur testamentaire.